跨越卡夫丁峡谷

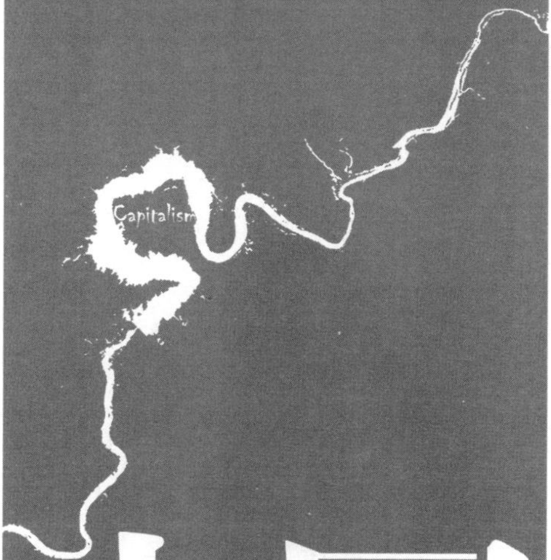

中国准备好了吗

泊远／著

光明日報出版社

跨越卡夫丁峡谷[1]，中国准备好了吗

——站上制高点重塑国家与市场

我们是谁？我们从哪里来？我们最终会去向何处？这些一直以来困扰我们的奥秘，到今天依然没有肯定一致的答案。一般认为，人类出现在地球上并繁衍生息成为主宰，是偶然且不可思议的现象。更为不同凡响的是，经历了几百万年的演进，作为大自然宠儿的人类文明发展到这样一种高度，似乎达到了可以操控自身命运的阶段。能够生活在这样的一个时代，应该是多么的幸运啊！

然而令人遗憾的是，就人类总体而言，发出这样的感叹理所当然，但聚焦到不同的区域或个体却远非如此。西方发达国家在尽情享受着现代文明的同时，落后国家却依然在人类的三大敌人——饥荒、瘟疫和战争的肆虐中挣扎。即使在

1 卡夫丁峡谷在此意指苦难和耻辱的的过程。公元前 321 年，萨姆尼特人在古罗马卡夫丁城附近的卡夫丁峡谷击败了罗马军队，为了羞辱战败者，罗马战俘被迫从峡谷中用长矛架起的拱轭下通过。马克思曾用卡夫丁峡谷来比喻无法避免危机和灾难的资本主义社会形态。

发达国家内部，绝对贫困现象也并未消除，甚至包括一部分中产阶级在内，还有相当多所谓不幸的“失败者”为改变命运，做着几乎绝望的努力且心中充满怨恨。绚丽多彩的美丽星球竟伴存着如此不堪的现实。华尔街的精英在筹划假期是去加勒比海体验新买的游艇还是去南极探险的时候，摩苏尔[1]的家庭主妇正在炮火的恐惧中发愁下个星期的食物从哪里来；当富可敌国的大佬为他们的钱寻找更满意回报的去处而殚精竭虑时，无数的边缘家庭却时不时地需要为平稳度日而算计；生产过剩和极度短缺同时并存。这种强烈反差对比的单子还可以开很长很长。更应发人深省的是，早在四十年前人类的飞行器就开始了太阳系外的探索之旅，但迄今为止地球上各类悲惨景象却随处可见。这不是莫大的讽刺吗？假如真有外星人存在，他们来到地球看到这幅景象，会是怎么一种反应呢？惊讶、愤慨还是费解呢？

人人生而平等早已成为人类的共识，且已构成当代政治的基础理念，我们甚至提出了人类命运共同体的主张。但令人遗憾的是，崇高的信仰和理念在现实的利益面前往往是令

1 伊拉克第二大城市，也是其北方工业、农业、金融中心及库尔德自治区政治中心，拥有北方最大油田和炼油设施。2014 年被 ISIS 极端组织占领，城市被大肆破坏，2016 年伊拉克政府军发起收复战。

人扼腕的失落者。特蕾莎[1]只有一个，我们像神一样的膜拜。每思至此总是充满了无奈的挫败感，这也可能是共产主义被视为空想的一种历史虚无主义注解吧。难道这就是人类的宿命？不！我们完全没有必要悲观，纵观人类的历史进程，不仅没有理由悲观，相反我们应该充满乐观和希望。人类学家向我们展示出了这样的图景，从猿到智人再到现代人类的进化过程中，绝不仅仅是火的使用、直立行走以及相互协作的深化，也不仅仅是人类通过语言和虚拟认知所构筑的共同体的成熟，而是一种更具深远意义的变化，是爱的边界在不断扩大。这是一种大爱！

当然，各种媒介中天天充斥着商家们钩心斗角、政治势力间相互倾轧，甚至国家之间为了领土之争兵戎相见，似乎体现出来的还是动物本性，哪里看得到爱的身影？但这些现实并不是人类社会进程的全部，更不是最重要的部分。浅显的例子包括民间和国家间的各类慈善活动，联合国的人道主

---

1 特蕾莎修女（1910.8.27—1997.9.5），出生于奥斯曼帝国科索沃省的斯科普里（前南斯拉夫联邦塞尔维亚共和国科索沃自治区首府），一位心中充满大爱的世界著名天主教慈善工作者。她从来不为自己，只为受苦受难的人活着。从 12 岁起直到生命的最后一刻，她把一切都献给了穷人、病人、孤儿、无家可归者和垂死临终者，使他们感受到尊重、关怀和爱。她并没有高深的哲理，而是用真诚服务所体现的爱，来医治人类最严重的病源：自私、贪婪、冷漠、残暴和剥削等恶行，为通往社会正义和世界和平，开辟了一条新的道路。因其一生致力于消除贫困，1979 年获得诺贝尔和平奖，是全世界最受尊敬的女性之一。

义援助、中国政府的扶贫工程以及国家组织间碳排放减排公约等，这些不正是爱的体现吗？只是所做的远远不够。尽管对从根本上改变人类命运，这种大爱还时常被人类的丑陋一面所遮蔽，但这颗深植于人类内心的种子具有强大的生命力，它的成长过程正是现代文明不断提升的过程。

阿克顿在阐述近代国家的开端中说到，社会进步代表着那些不可能做出回报的人的利益，它要求社会不断地做出牺牲。并且这种日益增长的无私动机，这种对弱势者的宽大情怀，折射在社会生活中的是对少数群体的尊重。正是把这种来自天启的良知当作可听得见的上帝的声音，人类开始走出野蛮踏入现代文明。其实，这种人间大爱从来不曾缺失过，人类的良知是与生俱来的，只是在早期人类社会由于生产力低下，其自身生存还受到各种威胁时，出于生存的本能，这种爱与大自然赋予各种生命体现的天伦并无多大区别。但当人类获取生存资料的能力不断地增长时，爱的边界在扩大。当我们从这个视角去审视人类纷争不断充满血腥的历史时，你会欣慰地看到这种良知驱动的大爱从家庭到部族再到国家以致整个人类命运共同体无限地在扩大着疆界。当然，这并不是一个简单没有反复的过程，相反，其间充满着曲折。但这难道不正是人类从原始走向现代、从野蛮成长到文明历程的真实映射吗？人是个矛盾体，善恶共存，自私的本性和良知的驱使各展其能。当面临生存危机时，本能将成为主导，这是自然的属性，根本无须对此质疑或怀有负罪感。我们不是常常会听到不要拷问人性的呼声吗。一旦脱离尤其是远离了生存危机时，良知便会释放人间大爱，帮助弱者会使人愉悦。马斯洛按需求层次分析了人的行为心理，这正是人类告别动物界的社会属性。

对于人类的本能我们无可厚非，但自然本能的无节制泛滥必然导致异化的恶果！异化原本就是自然界中普遍存在的一种现象，它主导并诠释着事物发展的进程。如果说在危机四伏的荒蛮时期，这种现象导致的进化、冲突和竞争，在人类克服各种磨难中有过贡献的话，当人类跨过了一个重要的门槛后，它的历史使命应该被重新认识并加以节制。在这里所说的门槛是指衡量人类物质文明程度的一个临界点，即生产潜能（在这里尤其是指基本生存所需的物质资料的生产潜能）超过必要需求（维持基本生存的需求）。这甚至可以从另一个维度划分人类社会的发展阶段，即物质短缺社会和富足社会，这是人类物质文明发展中不同阶段的重要分野。当人类跨过这个门槛之后，社会性应该扮演更重要的角色，而不能再任由自然属性横冲直撞，否则必然乱象丛生。

发生在1929年的世界经济危机中，美国商家把大量的牛奶倒入大海，成熟的庄稼烂在地里无人收割，近期的例子是我们中国，一个刚刚脱离短缺不久的国度，去产能、调结构竟成了经济工作的一个主题。所有这些尽管可以做出合理解释但并非希望发生的现象，正是无节制异化的结果。因为成本、代价、利润、契约和信用等，所有这些异化的直接或间接的产物，无不在“理性”地主导着决策。在这里，人类成为大自然异化物的奴隶。经历了必要的或原本可以避免的痛苦之后，人类学的聪明了许多，体现人类社会性的国家干预在不断的争论中开始发挥越来越重要的作用。从一定程度上可以说，当人类开始有意识、有目的地节制异化的时候，正是人类脱离野蛮进入现代文明的滥觞。

人类经历了无数的痛苦，跌跌撞撞闯入了现代文明，多少含有被动和偶然的因素，正像波普尔在开放社会描述中所说的，是无数的零星工程自然演进的结果。他在本质上主张的是充分保护个人自由的自然秩序，反对借以发现和掌握了历史规律并运用历史规律之名的总体设计及总体工程，认为那必将导致专制和暴政。当然，发生过这样的历史悲剧，只是需要清醒的是，对某些强烈历史背景笼罩下的现象的研究结果，哪怕是正确的并对后世有重大的借鉴意义，也终究是历史性的，须知，自然界中唯一一成不变的就是变化。纵观历史，地心说让位给日心说，伟大的牛顿定律被爱因斯坦的相对论涵盖，显然人类认知的边界在不断扩大的同时宣告着更多未知的存在，其中就包括在已发生变化的环境条件下，已知的局限甚至是谬误需要修正或重新认知。

哈耶克与凯恩斯的争论持续了七十多年，至今仍被选择性地摘取选用，市场与国家作为自然秩序和人类良知的代表，不断变换着魔鬼和天使的角色。我们已经进入了富足社会的阶段，早在近一个半世纪前俾斯麦就在德国实行了普遍的社会保障制度，市场和国家干预都不过只是手段而已，片面的市场崇拜或国家崇拜都会引致灾难。它们肩负着不同的使命，并有着展现各自价值和优势的舞台，如果弗里德曼看似无懈可击的论证和结论被全部照搬的话，他就没有什么可担心的吗？其实，我们今天所担心的人工智能发展的最终结局，竟然可能是无机体统治生命体，这对人类来说不正是自然异化的一种梦魇吗？

认识世界的根本目的在于改造世界实现人类正义！这是人类社会的制高点！理论再完美，逻辑再缜密，如果不能指导实现人类正义这一终极目标，那么这些理论和逻辑都是苍白的。事实是最有说服力的仲裁者，在这一点上历史特别垂青中华民族，五千多年来未曾中断的文明，一百多年来的跌宕起伏，尤其是近几十年来中国的巨变就像快进键下的画面，让世人眼花缭乱，伴随着威胁论和崩溃论等各种喧闹，令人不断发出感叹的是，几乎所有在当时关于中国未来发展的大胆预测，总是被后来发生的事实证明为保守。中国的伟大实践，不仅使许多经典理论和信条露出了破绽，更为人类追求美好未来开辟了一条现实的道路。在这样一个伟大的历史时刻，需要我们鼓起勇气敢于担当，站上人类社会的制高点重塑国家与市场，跨越卡夫丁峡谷。听起来可能令人难以置信，但将在接下来的论述中揭示的是，我们离穿过包括中等收入陷阱在内的各种障碍，跨越卡夫丁峡谷达到幸福的彼岸并非遥不可及，相比人类已走过的历程，可以说只有一步之遥。

目录

绪论

拨开历史迷雾：趋势渐变与相机突破

下卷

跨越卡夫丁峡谷，中国准备好了吗

尾声

上卷

拨开历史迷雾：趋势渐变与相机突破

历史从来不允许假设，人们只能在回味中惊叹、感慨和沉思，并试图作为对未来的启示。有一点特别令人困扰甚至沮丧的是，每当面对历史的时候，抛开所站立场不同的有目的和有意识的歪曲以外，即使是抱着严肃认真的态度，对历史的解释和结论也往往是大相径庭。客观在历史认知中是奢侈品，价值中立同样是稀缺的，人们总是在不自觉中，有选择地相信那些与自己潜意识或世界观一致的观点。社会科学与自然科学的根本区别在于，社会科学所研究的对象不可能在相同的条件下进行过程重复，而自然科学可以。正是这个原因，尽管社会科学中不乏潜心探究真知灼见的思想家，但争宠盗名事后诸葛亮式的“权威”也比比皆是，真可谓鱼龙混杂良莠不齐。各种假设性观点由于无法验证而争论不休，不同流派思潮五花八门山头林立，所谓的大师专家层出不穷，在他们那里，是非对错并非第一要义，成为主流达成目的更为重要。自然科学则迥然不同，任何理论和观点终归要接受可重复的实验的检验，我们所看到的是随着人类对自然认知的扩大和深化的一座座历史丰碑，任何投机、任性和虚张声势终将遁出原形而贻笑大方。

尽管相对自然科学而言，社会科学很难在统一的客观尺度下达成一致，然而这种难堪并没有阻止人类进步的脚步。虽然分歧依然难以弥合，争论似乎永无休止，但人们的共识在不断地扩大，并越来越深刻地影响着人类社会的各方面。实现社会正义作为人类的普遍追求，渐渐成为衡量政治活动的基本尺度，在这里，不管种族、信仰还是国家的差异，在以下这些基本理念上世界上绝大多数人应该是一致的，正如劳伦斯·哈里森在论述文化为什么重要里所提到的，那就是：活比死好；健康比疾病好；自由比受奴役好；富裕比贫穷好；教育比无知好；正义比非正义好。还可以加上快乐比痛苦好；公道比受冤屈好；平等比受歧视好等。这样看似简单的选项是人类经历漫长的野蛮和愚昧不断进化的文明的结晶，与自然科学的巨大成就相比同样的了不起，它正是现代文明和社会正义的基石。这样，衡量社会的进步就有了坐标，在时空中进行透视比较，纷繁复杂的人类世界将会清晰起来。看清楚了，活明白了，来这个世界上走一遭也就圆满了。

历史坐标：从混沌中走来

每当沉静下来不自觉地感悟大自然的时候，常常会惊叹生命的出现是多么偶然的奇迹，毕竟适合生命存在的条件实在是太苛刻了。根据现代科学的研究表明，宇宙中已知存在的温度如果最低为绝对零摄氏度的话，最高温度可达几千万亿摄氏度，而适合生命存在的温度区间不过百摄氏度。茫茫宇宙中，恰恰就有这么一个孕育着可能与希望的星球——地球，在特定的时间窗口极其精妙地满足了生命存在的一切条件，阳光、空气、水、土地等生命所需的所有要素无不慷慨地提供，更为重要的是，还给生命的延续和演进留出了足够的时间。这种现象发生的概率，比你在澳门赌场一晚上同时在所有的老虎机上全中头奖的概率还要低，难道不是吗？在宇宙间数不清的星球中，迄今为止还没有发现地球之外的生命存在。

在这里无意去探寻究竟是出于偶然的巧合，还是上苍的恩赐，但至关重要且影响至今的是生命的历程开始了。承载着无数生命的地球真是妙不可言，不管是在上帝之赐的亚马孙雨林，还是在严酷的北极，作为自然选择竞赛中的胜出者，精彩纷呈的各类物种，按照其各自精妙的特有方式繁衍生息尽享天伦。在妙趣横生充满奇迹的大自然中，潜藏天质的人类不仅按照自然赋予的本能代代繁续并独占鳌头，更生长出了使自身远别于动物界的文明体系。然而，这一文明成果并不是一蹴而就的，而是经历了漫长的苦难甚至是血腥的历程，是一个不断走出混沌的过程。即使是在今天，这座文明大厦还远未实现古圣先贤们广庇天下寒士俱欢颜的梦想，甚至构筑大厦的某些基石并不牢固。这不是危言耸听，更无意哗众取宠，只为感恩幸运的作为人类的一分子，并为命运共同体能够更加幸福地体验生命过程，肩负起义不容辞的使命。

生命的意义

这是一个极富争议的问题。也很可能这个问题本身就有问题，因为每个生命的诞生并不是她自己的选择。尽管阐述这个问题具有很大风险，且不同的族群、不同的宗教或不同的文化等背景下的答案千差万别莫衷一是，但对这个问题的认识，从根本上影响着人们的世界观，所以回避不了。

的确，“意义”这个概念本身就是人类意识高度发展之后的产物，从这个事实出发可以说，我们探寻生命的意义，是在人类历史的长河中建立坐标原点。其实，生命的出现是极其偶然的现象，每个生命都是大自然恩赐的礼物，她并不是因为某种目的和意义才降生到这个世界，它是自然秩序的一种安排和结果。人的生命一经诞生，为生存而吃和求知世界的好奇心作为本能自然地与生命融为一体，且伴随着生命体的成长发育，性和获得认同等本能也会如期而至。生命作为一种现象，对每一个个体而言在自然秩序中没有高低贵贱之分，是生而平等的。但大自然就是这么奇妙，差异性是基本特质。不管是因为空间占有的唯一性，还是为了便于上帝识别，在任何维度上找不到完全相同的不同个体。正是差异的本质性存在，作为人类现象延续的一个个节点的生命个体，无不携带着独一无二的标签，血缘、地域和时代等历史遗产，毫无疑问设定了不同的人生起点，无数前赴后继的生命大军，义无反顾地穿越着生命时空，并在这一过程中感受体验自然之妙，留下了一个个故事。爱恨情愁、悲欢离合、喜怒哀乐、幸福苦难等情感描述，记录着数不清的生命过程中的不同体验和状态，追求幸福成为共识。而且，不仅追求自身的幸福，还会超越自我追求给他人带来幸福（家庭、族群、国家等）及被人需要的成就感，并因人们相互关系中的责任和义务产生意义。

对人生意义的理解同样显示着自然的差异性，不同的生活背景、不同的时代，都会留下各自的烙印，但冥冥之中的天籁之声或隐或现地引导着我们。奥斯特洛夫斯基认为，人生最完美的，就是在你停止生存时，也还能以你所创造的一切为人们服务。他对人生意义的理解是这样的：我在自己的一生里也曾经历过被遗弃和背叛的痛苦，可是有一种东西却救了我：我的生活永远是有目的、有意义的，这就是为社会主义而奋斗。

哈佛大学哲学家约西亚·罗伊斯（Josiah Royce）1908年在《忠诚的哲学》中写道：为什么仅仅存在，仅仅有住、有吃、安全地活着，对于我们是空洞而无意义的？我们还需要什么才会觉得生命有价值？答案是，我们都追求一个超出我们自身的理由。对他来说，这是人类的一种内在需求。这个理由可大（家庭、国家、原则）可小（一项建筑工程、照顾一个宠物）。重要的是，在给这个理由赋予价值、将其视为值得为之牺牲之物的同时，我们赋予自己的生命以意义。

网上流传的某位名人临终遗言颇为令人唏嘘但却入木

三分，他说道：“上帝造人时，给我们以丰富的感官，是为了让我们去感受他预设在所有人心底的爱，而不是财富带来的虚幻。我生前赢得的所有财富我都无法带走，能带走的只有记忆中沉淀下来的纯真的感动以及和物质无关的爱和情感，它们无法否认也不会自己消失，它们才是人生真正的财富。”

其实，每个人都是一个故事，只是有的精彩，有的平淡甚至悲惨，有的很长，有的很短甚至还没有真正开始。几乎每个人都向往着又长又精彩故事的人生。这就是生命的意义所在。

认知的边界

1989 年，美国新保守主义杂志《国家利益》刊登了日裔美国学者福山的文章《历史的终结》，认为以美国为代表的自由民主制度，是人类意识形态发展的终点及最后一种统治形式，尽管人类的历程还很漫长，但从政治发展的角度来看历史已经终结。在他看来，人类社会的发展史就是一部以自由民主制度为方向的普遍史。一石激起千层浪，拥护者和反对者随即展开了激烈的争论。恰值当时正在上演以柏林墙倒塌为标志的东欧剧变，随后不久世界上第一个社会主义国家苏联解体，似乎为福山的历史终结、共产主义失败做了生动注解。然而，历史并没有终结，它再一次让人类的无知和狂妄出了洋相。短短的二十多年，世界演变至今的新格局令其大跌眼镜，福山多次修正了自己的观点，其结果不是历史的终结，而是历史的终结的终结！令人叹为观止。

这里并不准备深入参与这场是非争论，只是觉得这一产生重大影响甚至迄今尚未完全结束的辩论，对我们观察和理解人类关于自身和自然的认知过程，具有现实的启示。实际上，这样的剧情逻辑在人类历史上不知出现过多少次了，只不过剧情反转的间隔没有这么短而已。在哥白尼的日心说确立之前，托勒密的地心说让我们心安理得了一千五百多年，由于感觉不到地球的自转，太阳每天从东方升起到西方落去，因此太阳围绕着地球转这样的“常识”再自然不过了，而这一现在看来极其幼稚的错误，既没有影响中国人发明了农历二十四节气，且卓有成效地指导了农业生产，也没有影响西方大航海时代的地理大发现。在认知迭代的过程中，不仅一般的普通人会犯这样的错误，科学家同样不可避免。光电效应被发现之前，物理学家们一直把光当成一种波动现象，爱因斯坦相对论确立之前，牛顿力学是那么的牢不可破，物理学中发生的紫外区灾难，差一点让科学家们怀疑人生。事实上到今天为止，还有许多现象无法解释或存在着争论，比如对万有引力这一无处不在，并本质性决定着自然存在的现象的解释，也并不是那么确定，更不用说去搞清楚为什么会存在量子纠缠了。曾经风靡一时的宇宙大爆炸理论在今天也遇到了挑战，宇宙的收缩和膨胀似乎也能自圆其说。

尽管自然科学领域里的认知过程充满了悲喜剧，但由于证伪过程可在相同条件下重复进行，人们通常会以当时的技术能力为约束，在影响人类生存和发展的科学认知上达成共识。在社会科学领域就没有这么幸运了，短短几千年的文明发展历程，不知有多少种版本进行过描述，就连有效的记录手段广泛采用后的几百年来的历史，同样不断地被改写着，甚至近几十年来我们都经历过或正在经历的历史，都是争论的对象。如果说较为久远的过去，由于考古和史料的新发现修正某些论断容易理解的话，那么对刚刚经历不久的事情，存在不同甚至截然相反的看法，恐怕绝不是信息不对称就能够解释得了的吧。这似乎多少有些令人沮丧，不是终归会世界大同吗？历史真的就像一个小姑娘一样，可以任意打扮成各种模样吗？其实，这难道不正是自然多样性在人类活动中的映射吗？

放眼今天的世界，我们看到的是不同肤色的人群，使用着几千种语言，吃着不同口味的食物，秉承着千差万别的风俗传统，穿着风格迥异的服装，信仰着不同的宗教，享有着演进各异的文明，等等所有这一切无不展示着人类和自然的多样性及多元性。怎能指望文化、立场、视野、经历以及世界观等存在差异的人们观点一样呢？而且任何一个社会过程都没有机会在相同的条件下进行重复，根本不可能像自然科学那样在客观的基础上对不同的观点进行检验，这一事实更为无休止的争论提供了便利。这种困境难道不会必然陷入历史虚无主义的窠臼吗？答案是否定的。从人类发展的历程来看，我们完全有理由充满乐观地说，应该不会。一方面，自然科学的不断进步，为人类认识世界提供了越来越有效的工具和手段，不仅把早期由一些神秘自然现象产生的迷信崇拜连根拔起，而且作为人类社会物质生活的组成部分，在解放人类使其更加自由的同时，也在武装着人类的大脑。另一方面，人类具有与生俱来的学习能力，且与动物的一个重大区别在于学会了思考事物表象背后本质的东西。尤为重要的是，慷慨的大自然给足了时空让人类不断地试错。可以这样说，现存人类的祖先们在进化的过程中，毫无例外都经历了严酷的自然选择并为所犯错误受到过惩罚，但幸运的是他们不曾犯下毁灭性的错误。那些致命的犯错者消失在了历史中，就现有的技术探别能力而言，有的甚至没有留下任何痕迹。对人类而言，自然选择进化过程本身也是一个学习的过程。

作为自然选择的幸存者，人类通过观察、体验、试错和学习积累了丰富的知识，哲学、史学、经济学、政治学、心理学、逻辑学、社会学等人文学科相继出现，通过各种概念、范畴和理论不断积淀构筑起了人类文明的巨大宝库。毫无疑问，宪政、民主、国家、权力制衡以及市场、信用、人权、契约、分工、协作、交易成本、企业家精神等无数闪烁人类智慧光芒的观念和主张，在不同时期对推动社会的进步扮演着重要角色。尤其像天赋人权、法治和契约论等思想，在欧洲启蒙运动以致对整个人类文明的升华起到了关键的作用。应该说，人类在不断求索的道路上硕果累累。也正是在这种空前辉煌的历史背景下，有些人产生了错觉，在狂妄自负中迷失了自我，认为他们找到了终极真理，自命不凡地提出所谓的普适性永恒价值，丧失了对自然最应有的敬畏。在他们那里，曾经产生过重大影响的思想家显得是那样的无知和愚昧，而对这些先辈思考时所处的时代背景没有基本的尊重。事实上，一切知识都是历史性的，人类的认知无不受其所处时代的局限。

纵观人类发展至今所构建的知识体系，知识的更新是永恒的主题，且随着时代的发展更新速度越来越快。必须清醒的是，不仅知识是历史性的，认知过程同样也是历史性的。有些观点一经提出很快被证明是错误的，就像水中冒了个气泡。而有些观点是似是而非的，但由于当时人们认知能力有限而被接受，随着认知能力的提高逐渐显出了破绽后被推翻。再就是针对同一个事物不同观点之间产生争论，形成了各种思潮和流派，这种状况人文领域普遍存在。最值得聚焦也是最有意义的一种情况是，在当时的历史背景条件下，某种观点、主张或理论是正确的，且发挥着积极有效的作用，但当条件环境发生了变化的时候，同样需要进行相应的修正。常常令我们惊讶的是，在过去的条件背景下，某些几乎被忽略的事物或因素，随着社会的发展和认知边界的扩大，悄悄地走近了舞台的中央。

今天的许多现实可能在几十年前根本无法想象，滴滴打车、扫码支付、无人驾驶、共享经济、增材制造、智能导航以及人工智能等，令人眼花缭乱的新事物的出现，无不深刻地改变着人类的生活方式，颠覆着人类的认知。我们深深地感受到，随着认知边界的延伸，资源的范围在扩大、效率在提高，便利性、舒适性和享受性在增强。与此同时，一些患得患失极富想象力的人们，却在隐隐地焦虑着未来，即人工智能的高度发展，终将导致无机非生命体统治有机生命体。不管这种担忧是否真会发生，这种现象反映出一个事实：人类总会在认知的边界处左顾右盼。能够一眼望穿未来该有多好啊！实际上，一个已知和确定的未来将会失去多少挑战和乐趣，人类本能的好奇心将泯灭，探知未来的内在动力将消失，停滞导致的无聊将不期而至。根本没必要在这里杞人忧天了，由于宇宙无边无垠无始无终，人类的认知同样是无远弗届，且随着认知边界的不断扩大，无知的领域也在同步增加。从一亿光年的视野看去，银河系渺小的就像一粒尘埃，宇宙所呈现的星云景象与十分之一飞米世界里的夸克结构，看上去就像描述同一现象的两个雷同版本。这是怎样的一种奇妙安排，在时间、空间、能量、物质等维度上所建构的宇宙奥秘是无限的。人类能够紧跟时代的脚步、把握时代的脉搏与时俱进可谓已达至高的境界了。在此祝福人类能够战胜一切挑战！

文明的分野

1993 年，美国著名政治学家塞缪尔·亨廷顿发表在《外交》杂志上的文章《文明的冲突》在世界范围内引起了轩然大波，其核心观点是未来的战争和冲突将发生在文明的断层线上。直到现在，围绕该书中观点的争论从未停止。

令人遗憾的是，这一备受争议的预言像是染上了俄狄浦斯[1]的魔咒，经常幽灵般的出没于我们的脑海中，且被全球各地不断上演的战争冲突、恐怖袭击、种族屠杀、难民潮以及极端主义者制造的各种骚乱等灾难一再印证。难道这是人类必经的劫难和宿命吗？如果这种文明的冲突终将是不可避免的，最终的结局会是什么样的呢？按照网络新术语来表达的话真是细思极恐。

这是人类试图修建巴别塔[2]必将受到的惩罚吗？实际上，在亨廷顿的语境中所谓不同的文明，主要指的是不同的宗教，尤其强调了伊斯兰教与基督教和犹太教以及伊斯兰教内逊尼派与什叶派之间的冲突。这样狭义的使用文明的概念极有可能导致误解和歧义，在通常的理解上，文明含有进步的、高尚的、友善的或经过良性进化了的意义，是与不文明或野蛮相对的。正是从这个意义上讲，人类的文明是相通的。应该说，文明是人类智慧的结晶，绝不仅仅是体现在各种文化、宗教、传统中的经验和知识的集合。

1　俄狄浦斯是希腊神话中忒拜的国王拉伊俄斯和王后约卡斯塔的儿子，一出生就被预言将是弑父者。其结局是他在不知情的情况下，杀死了自己的父亲并娶了自己的母亲。在此寓指自我实现的预言。

2　巴别塔是《圣经》中描述的人类修建的希望通往天堂的高塔。上帝为了阻止这一计划，让人类说不同的语言，由于无法相互沟通，造塔计划失败。自此，人类各奔东西，冲突和灾难便是再次相遇时的常态。

人与动物的一个重要区别是对本能具有控制能力，其结果是人与人以及人与自然的和谐相处，这种能力就是智慧，是人类的美德。由此看来，亨廷顿所预言的冲突中的文明内涵，与承载着人间大爱的文明相去甚远，其冲突本质上是披着文明外衣的野蛮的冲突，是隐藏在文明之下的自私、贪欲和霸权野心的冲突，是伴生在各种文化、宗教、传统中的不文明成分的冲突。由于人类发展的多元性和不平衡性，文明的发育尚处于初级阶段，不同民族、国家和地区发展的文明程度存在着差异，更由于自私的本能驱动依然主导着人类事物，各种矛盾和冲突在所难免，但都可以通过协商和妥协的方式来解决，导致战争一定不是文明冲突的结果，战争和杀戮本身就是野蛮和不文明的最高形式。

人类跌跌撞撞千辛万苦地一路走来留下了两条轨迹。一条是沿着本能的驱动使自身不断强大的自然进化，在这一过程中，成为强者的竞争是主旋律，打败对手取得胜利并保住和扩大优势的各种努力，占据着历史的主要版面。尽管残酷的竞争中充满了阴谋、欺诈甚至是血腥的杀戮，但恰恰是竞争推动着人类社会不断进步。人类的竞争除了本能的驱动之外，还有一个重要的影响因素，那就是稀缺性。不管是自然资源还是生产活动的成果，一般来说，相对于人们的需求和欲望总是不足的，这也正是经济学的一个基本前提假设。尤其在生产力低下的时代，就连基本生存所需的生活资料都是短缺的。在《人与自然》节目中，我们看到各种动物为了领地和占有异性进行着永无终结的争斗，人类的祖先又何尝不是如此呢？挂满果实的丛林、丰饶的牧场、水量充沛的河流、肥沃的土地、险峻的山岭甚至是一望无际的海洋，到处都是古战场。其实，放眼今天的世界，又能有几天新闻中没有战争的报道呢？更不必说遍布全球的军事基地和连番开展的军事演习所预示的战争准备了，就连我们抒发情怀时所仰望的星空，以及人类发展的最新成就——网络空间都成了战场，战争的威胁从来没有缺席过。据说自从人类有记载以来到今天，地球上完全没有战争或战斗的日子不到一年（有的研究结论是三十三天），不管精确的答案是什么，无处不在的竞争作为人类自然进化的主线是确定无疑的。

自然进化中存在着一个重要的现象就是异化。按照自然科学中的定义，所谓异化是指主体把自己的素质或力量转化为跟自己对立、支配自己的素质或力量。通俗地讲，异化现象可以理解为在事物发展过程中，由母体产生或分离出来的子体或产物，最终会统治和控制母体的过程和结果。领导者从群体中产生，带领着大家为美好生活奋斗，国家及其领袖统治着芸芸众生，资本家作为资本的人格化代表剥削着它的创造者工人们，人们绞尽脑汁制定的规则约束着人们自己，等等这样的现象举不胜举，所有这一切无不在悄声无息地诠释着异化的精妙。人们可能很难想到的是，就连农业革命中里程碑式的成就——对小麦的驯化，反过来看不正是小麦驯化了人类吗？为了在几个月后收获种植下的小麦，人类不得已定居了下来进而进入了农业社会，这样相互驯化的过程，难道不是异化的一种更加隐讳的形式吗？

异化本身作为自然进化过程中的一种现象并不是罪恶，甚至可以说它在人类应对各种挑战中发挥着积极的作用。尽管包括战争在内的许多灾难都与它脱不了干系，但在短缺的大背景下，为了在自然选择的竞争游戏中成为幸运者脱颖而出，人类所遭受的苦难或许是必须的痛苦和代价。但是，异化的过度膨胀，尤其是当短缺约束的性质发生了历史性的变化的时代，如果人类还不能对异化的弊端进行必要且有效的节制的话，其结果必然是不必要的人为灾难。股灾、金融危机、经济危机、产业空心化等不正是异化滋养出的资本怪兽，贪婪无度横冲直撞的结果吗？一边是极乐世界、一边是人间地狱不也是异化的衍生品吗？为什么原本精妙神奇并推动人类进步的自然机制却导致了各种灾难呢？答案很简单，这就是度的效应。我们常常听到做什么事情别过分，恰到好处讲的就是控制好度。人的自利本能在经济学中被喻为蜜蜂采蜜般的善行，即他在追求自身利益的同时给别人也带去了利益，如果这一切都是在一定的度的范围内运行的话，应该可以期待的是，人们在各得其所的生活中会远离灾难。但不幸的是，人类往往会迷失自我，不仅常常过度地加剧异化的过程，而且把手段当成了目的，最终成了异化物的奴隶。例如，金融作为经济高度发展的产物，是为了更有效地配置资源提高效率而产生的，但当成为少数人谋利的工具而被过度操纵的时候，就会成为罪恶导致灾难。日常生活中这样的事例也比比皆是，比如喝酒，适度地享用是多么美好的体验，但真不知道有多少人驾驭不了适度的分寸而乐极生悲。

人类在自然进化的一路狂奔中，毫无知觉地跨过了一道极为重要的分水岭，那就是稀缺性约束。翻开近代经济史，经济危机的阴影总是挥之不去，席卷全球的大规模危机平均不到五十年发生一次，如果算上局部性危机，平均间隔不到十年。一次次频繁上演的危机尽管版本不同，除了像1637年郁金香泡沫[1]和1720年南海泡沫[2]等少数由贪婪和投机造成的人为灾难外，其实核心内容都在讲述着同样的故事，那就是生产过剩。危机当然是场悲剧，但是透过一幕幕悲惨的剧情道出了一个重要的事实，也正是生产过剩。这是多么值得庆幸的一件划时代的大事情啊！几千年来稀缺性约束下的人类，为了尽可能多地占有资源进行着无休止的争夺，各种宗教迷信的盛行，麻醉着受尽磨难的神经，大工业生产出现之前，什么时候听说过人类被过剩的问题困扰过？这难道不正是工业革命带给人类的福音吗？当然，并不是说造成一次次经济危机的生产过剩是真正意义上的过剩，庄稼烂在地里、牛奶倒进海里、产品压在库里的同时，还有大量饥肠辘辘衣不裹体流离失所的人群，所谓过剩是相对于有效需求和购买力不足而言的。即便是这种相对过剩中朱门酒肉臭路有冻死骨的普遍存在，也在不时地敲打着人类的良心、拷问着人类的智慧。如果

1　郁金香泡沫应该是人类有记载以来的第一次金融泡沫。17世纪30年代，荷兰人对从土耳其引入的郁金香从最初的观赏和地位宣示，发展成了狂热的投机，郁金香的价格被炒到了令人咋舌的高位。这种击鼓传花式的游戏，当有某个清醒的人退出时，泡沫随即破灭，成千上万的人在价格崩塌中倾家荡产。

2　南海泡沫与郁金香泡沫事件类似，只不过投机对象是18世纪初的英国南海公司而已。

说在生产力低下自身难保的短缺时代，人类的冷漠甚至残酷还情有可原的话，但在一个过剩（即便是相对过剩）的时代，依然是冰火两重天，恐怕人类需要彻底猛醒了。不管经济学理论能够多么完美地解释危机产生的原因和机理，使得人们心安理得，甚至还为每次化解和渡过危机自鸣得意，说到底这都是人类的灾难，更是可以且应该被消除的罪恶，但这是尚未被进化掉的由异化主宰的野蛮特征。实际上，从衣、食、住等基本的生存资料来看，人类的生产能力或者说潜在生产能力早已能够完全满足自身的合理需求，只是这种能力被人类自己制造的枷锁束缚甚至是桎梏着。契约、货币、资本、经济周期、信用体系、价格、成本、边际成本、企业、市场、有效需求、边际需求、利润、边际利润等一系列的概念、逻辑和理论无不在一定的历史阶段起着重要的作用闪烁着耀眼的光芒，但在时代背景发生了根本性变化的情况下，却在不自觉地起着固化自然秩序导致的异化遗产的作用，使得不平等的两极分化显得那么的合情合理。自由和平等早已成为现代政治的基础理念，为什么当代的西方政治家们目睹世界各地的贫困饥荒无动于衷，甚至把本国优先作为竞选口号呢？看来，这样的矛盾反差，仅仅用自私和虚伪来解释是远远不够的，只有那些深深内化在心灵中貌似神圣的教条，才能让他们拥有那样的自信和底气。

如此说来，异化唱主角的自然进化，会让人类一条路走到黑直至灾难的深渊吗？显然这种担心是没有必要的，近代以来人类逐渐脱离野蛮踏入文明的历程已经给出了答案。人类的本能中具有同情心，而且人与动物的一个重要区别便是能够控制自身的欲望。所有超越自私本能的人类良知和美德随着过剩经济时代的进入，扮演起了越来越重要的角色，人类良知所蕴含的大爱是纠正异化过度泛滥的正义之源，这条照耀着未来曙光的人间正道，正是人类历程中的另一条重要轨迹，即文明的成长。其实，人类自身是潜藏着文明基因的，只是残酷的生存环境压抑了文明的生长，伴随着生存条件的不断改善，人间大爱从最伟大的母爱，沿着家庭、部族、民族、国家等规模越来越大的共同体的方向扩大着边界，世界作为人类命运共同体终将成为新边界。从野蛮的黑暗时代走出来不久，现代文明就在人类社会深深地扎下了根，且很快的枝繁叶茂。天赋人权、自由、平等、民主、法治等筑基人类正义的现代政治理念，已经成了普遍的共识，只不过太长时期的异化残留不可能一下子就清除干净的，自私自利的行为以及遮掩的虚伪，还会在一定的时空中形成雾霾，遮挡爱的光芒。就连奠基美国治国理念的“五月花号”的先驱以及他们的子孙，不也曾是屠杀印第安人的刽子手吗？妇女和黑人又是什么时候才享有选举权而成为平等的人呢？当学者们总是聚焦权力来源的合法性和正当性的时候，又有谁关注过幸福来源的合法性和正当性呢？出身和继承就是天经地义的吗？难道就一直毫无顾忌心安理得的，对包括野蛮异化在内的遗产默认了吗？既然天赋人权，为什么不从实践和行动来给予证明呢？这些难堪甚至罪恶并不是对文明的未来前景有所质疑，而是方向确定的一种期待。罗马不是一天建成的，相对于几百万年的自然进化历程，文明成长刚刚几百年的时间，真不能算是对人类耐心的考验。文明大厦的基石已经打下，而且，从来不乏添砖加瓦者。不管是政府还是民间，为了帮助弱者减少贫困而做的努力越来越多。

比尔·盖茨在哈佛大学 2014 年学生毕业典礼上致辞的部分内容为我们启示了文明的未来：“如果我们能够找到这样一种方法，既可以帮到穷人，又可以为商人带来利润，为政治家带来选票，那么我们就找到了一种减少世界性不平等的可持续的发展道路。这个任务是无限的。它不可能被完全完成，但是任何自觉地解决这个问题的尝试，都将会改变这个世界。我们最优秀的人才是否在致力于解决我们最大的问题？

“哈佛是否鼓励她的老师去研究解决世界上最严重的

不平等？哈佛的学生是否从全球那些极端的贫穷中学到了什么？世界性的饥荒、清洁的水资源的缺乏、无法上学的女童、死于非恶性疾病的儿童，哈佛的学生有没有从中学到东西？

“那些世界上过着最优越生活的人，有没有从那些最困难的人身上学到东西？这些问题并非语言上的修辞。你必须用自己的行动来回答它们。

“同这个时代的期望一样，我也要向今天各位毕业的同学提出一个忠告，你们要选择一个问题，一个复杂的问题，一个有关于人类深刻的不平等的问题，然后你们要变成这个问题的专家。如果你们能够使得这个问题成为你们职业的核心，那么你们就会非常杰出。但是，你们不必一定要去做那些大事。每个星期只用几小时，你就可以通过互联网得到信息，找到志同道合的朋友，发现困难所在，找到解决它们的途径。

“不要让这个世界的复杂性阻碍你前进。要成为一个行动主义者。将解决人类的不平等视为己任。它将成为你生命中最重要的经历之一。

“在座的各位毕业的同学，你们所处的时代是一个神奇的时代。当你们离开哈佛的时候，你们拥有的技术，是我们那一届学生所没有的。你们已经了解到了世界上的不平等，我们那时还不知道这些。有了这样的了解之后，要是你再弃那些你可以帮助的人于不顾，就将受到良心的谴责，只需一点小小的努力，你就可以改变那些人的生活。你们比我们拥有更大的能力，你们必须尽早开始，尽可能长时期坚持下去。知道了你们所知道的一切，你们怎么可能不采取行动呢?

“我希望，三十年后你们还会再回到哈佛，想起你们用自己的天赋和能力所做出的一切。我希望，在那个时候，你们用来评价自己的标准，不仅仅是你们的专业成就，还包括你们为改变这个世界深刻的不平等所做出的努力，以及你们如何善待那些远隔千山万水、与你们毫不涉及的人，你们与他们唯一的共同点就是同为人类。”

绝对的公平永远也做不到，但向着这个方向的任何努力，并改善了公平的状况即是正义。这正是文明与野蛮的分野。

混沌初开：现代文明的敲门砖

当时光跨过公元1000年来到了中世纪后半期，欧洲发生了三件意义深远的事情。第一个是1088年在意大利的北部城市博洛尼亚，诞生了世界上第一所真正具有现代意义上的大学，博洛尼亚大学（University of Bologna）。以此为发端，法国的巴黎大学、英国的牛津大学、西班牙的萨拉曼卡大学等越来越多现代知识生产和传播的场所，在那个时期相继建立，教会对知识的垄断开始被打破。现代实验科学逐渐确立，大量系统的重复实验，改变了之前主要依靠零星个体智慧产生发明或发现的背景下，相对于中国的人口劣势，为技术革命奠定了基础，知识开始了规模化的生产和传播。第二个是1096—1291年持续了近二百年的十字军东征。这场血腥搏杀的一个重要副产品是欧洲获得了大量的东方智慧，除了火药、造纸、印刷、指南针、代数学、医学等科学技术外，还拣回了丢失已久的古希腊经典，这不仅为初生不久的大学充实了养分增添了工具，更为之后的文艺复兴、宗教改革和启蒙运动播下了种子。第三个是1215年英王约翰在与贵族的冲突中被迫签署的大宪章。值得玩味的是，这份贵族为了自保、英王出于无奈要权宜之计而签的协议，竟然成了英国君主立宪制的法律基础，且为西方现代政治打下了最重要的一块基石，尤其是所有人未经合法审判不得被监禁的理念，开创了法治的先河。围绕大宪章内容和条款所代表的利益的博弈持续了半个多世纪，最终达成妥协成了各方都准备认真遵守的准则，它的作用是巨大的，当大宪章成为共识时，像产权、契约等日后资本主义发展的重要条件，不费多大周折都从愿望和主张变成了常识。至此，西方做好了告别农业文明进入工业文明的物质上和精神上的一切准备。

资本说了算：西方世界的兴起

关于西方世界是如何兴起的论著可谓汗牛充栋，包括工业革命为什么首先发端于英国等相关命题，同样是人们经久不衰地关注所在，人们从地理环境、气候、宗教、文化、传统、制度、习俗等各种角度寻找着证据并给出解释。作为人类历史上最重大的事件之一，搞清楚每个细节，尤其是理清发生过程中的因果逻辑当然是必要的，毕竟我们还能模糊地看到它的背影，感受着它的结果，而且它对我们的未来产生着持续的影响。在所有的观点论述中，道格拉斯·诺斯与罗伯特·托马斯合作的专著《西方世界的兴起》最有代表性，其论述的核心观点是：一、有效率的经济组织是经济增长的关键；二、有效的产权保障是经济组织效率的来源；三、经济增长率要高于人口增长率。诺斯他们的研究结论为制度经济学添加了新动能，此后产权、契约等概念甚至成了检验是否具备经济学基本素养的标尺。

以此为基础的研究和结论盛行于世，秘鲁的赫尔南多·德·索托在《资本的秘密》中提出清晰和受保护的产权有利于将资产转化为资本，并进而有利于经济增长和社会发展。应该说，正像孟德维尔《蜜蜂的寓言》一样，从人类自利本性出发所推衍的众多剧本，的确有不少巧合着特定背景下的现实，但需要特别小心的是，当所研究的对象是以人为主体时，以自利和理性选择假设下的结论往往具有局限性和片面性，尽管有时结论甚至理论体系都是自洽的，毕竟影响人类行为的动机和因素太复杂了。产权理论和契约理论从本质上反映着资本主义的核心要素资本的诉求，资本逐利的扩张本性的外在表现是竞争和创新，这一点高度契合了短缺时代人类对生产效率的追求，所以这些理论对一定时期经济活动的微观机制的解释大获成功毫不奇怪。即便如此，正如本文在“认知的边界”一节中所阐述的那样，一切知识都是历史性的，人类的认知无不受其所处时代的局限。实际上，人类社会正在经历着的另一个重大事件，在不断地丰富着我们的认知，而身处其中的一些精英对此却视而不见，以产权理论为核心的制度学派占据着主流，手段成了圭臬，这一颇具讽刺且略显奇怪的现象，也许会成为后世研究者们的精彩话题。

这里无意挑战或否定先辈们的经典理论，尤其是那些对历史瞬间的真知灼见深受启发且受益匪浅，所反对的只不过是教条化、圣经化和普世化的倾向。回探人类发展的历程，我们看到的历史，是沿着一种趋势的渐变累积过程与某些时点上突变性的相机突破过程的奇妙组合，是必然性与偶然性相互交织的完美演绎。就像鸟类携带的种子播撒到适宜的土壤上会生根发芽，而撒落到岩石上和大海里则会死亡或又成为食物等待再次幸运的到来。适宜的土地恰似渐变中的必然性等待，而种子则是偶然性的突变基因，鸟儿就是幸运女神。英国在率先完成工业革命的过程中不也出现过黑天鹅事件吗？亨利八世为了娶新欢博林与皇后伊萨贝拉离婚，闹到与罗马教廷公开决裂改宗国教，不正是在轰轰烈烈的宗教改革运动中起到了推波助澜的作用？乔治一世不会讲英语，且内心更多牵挂的是汉诺威，不也反倒使内阁的地位和作用空前地增强了吗？当然，人们可能会说，没有这些黑天鹅，英国照样会完成工业革命。这种假设本身并不具有实际意义，但作为研究推演或有启发。偶然性因素通常改变不了趋势的必然，但影响的是进程的节奏。英国如果晚个几十年甚至一二百年完成工业革命，或许就不是世界上第一个了，毕竟当时欧洲不乏竞争者。

讨论西方世界兴起的原因，在发展理论如此成熟的今天已不是什么困难的事情了，竞争的本质是速度和效率。但这里隐含着一个重要的前提条件，那就是稳定的发展环境。炮火连天动荡不安的地区，永远不可能存在持续的经济增长。伊丽莎白时代打败西班牙无敌舰队，消除了海上的主要威胁，威斯特伐利亚条约的签订，使协商解决争端成为可能，维多利亚时代的长治久安，等等这一切使孤悬海外的英国，享有了三百多年难得的稳定发展的国内环境，17 世纪的政治反复不仅没有引来国外的武力干涉，反而以光荣革命的形式完成并巩固了现代政治的基础。这是多么不可思议的幸运，反观同一时期海峡对岸的欧洲大陆，俄土战争、克里米亚战争、波兰三次被瓜分、拿破仑战争、普法战争等连绵不断，直到 19 世纪 70 年代才稍事喘息，为他们的现代化追赶空出了宝贵的几十年时间。

亚当 · 斯密从分工深化和交换规模扩大的角度揭示了

财富创造的来源，铁路加速了经济要素整合和协同的效率，蒸汽机和纺织机械等技术革命的成果空前提高了劳动生产率，专利保护制度促进了发明创造，圈地运动推动了生产要素向新兴产业的集中，股份制及资本市场神奇地解决了大规模资本的形成，等等这一切巧妙的结合，催生了工业革命的发生。在这一对人类未来产生重要影响的过程中，交织互动的各种因素，绝不是由产权制度扮演着主角。毫无疑问，有效的产权保护当然是创新动力和经济组织效率的重要来源，但要把它当作早期西方世界兴起的最重要因素，一定会对人类历史上野蛮的一幕产生严重的忽略，那就是残酷的殖民扩张。本土面积不过二十多万平方公里的英国，在疯狂海外殖民扩张的巅峰时期，统治着超过三千万平方公里的土地，占地球除南极洲外陆地面积的近四分之一，号称日不落帝国，廉价的原料、无限的市场极不平等地供养着不到世界百分之二的人口，这样的崛起条件既不可模仿更不可复制，过分地渲染这个因素，可能会使落后国家探寻发展之路时丧失信心和希望，也抹黑了光辉灿烂的工业文明。事实上，在触发工业革命爆发对诸要素协同的过程中，作为暴力和强制抄盘手的国家始终扮演着重要的角色，不管是在圈地运动中驱赶农民进入工业，还是通过贸易保护立法支持本国产业，更不用说扩大市场的殖民地争夺了，有谁能作为替代者呢?

叙述到这里，似乎要解释的问题有了虽不满意但还说得过去的答案。不过，从美学的角度来看这样的结果真是乏善可陈，既不朴素也不简练，一定是瞎子摸象般只触及到了形和目，缺少着充满灵魂的纲。就像异化现象渗透在自然演化过程中那样，又是什么力量在主导着工业化的过程呢?没错，正是资本主义。在传统的农业时代，由于受到土地规模和自然生长周期的限制，生产总量是有天花板的，且通常产出能力的提高伴随着人口的增长，因此我们看到的是农业社会人均产出的增长非常缓慢，当遇到战争、瘟疫和自然灾害时还会出现下降。受贮存期和投入对象的限制，即使出现结构性剩余，也不会形成现代意义上的资本，充其量不过是财产或财富而已。这一切随着技术革命的发生、工业时代的到来彻底地改变了。科学技术无限地拓展着生产内涵的广度和深度，过剩成了不可避免的产物，资本亮丽登场并很快走到了舞台的中央。它再也不是农业社会那种一般的剩余，而是被科学技术赋予了神奇的魔力，就像一根原本普通的木桩被雕成了佛祖，摆进了寺庙受到无数人的顶礼膜拜，就连国王也在它面前低下了高贵的头。科学技术武装起来的资本横扫着天下，资本如脱缰的野马驰骋在无限的疆界上，资本主义恰如其分地描述了工业时代的特征。作为资本主义的诞生地和发祥地，西方世界的兴起还有什么好奇怪的呢？至此，潘多拉的魔盒被打开了，在创造巨大财富的同时，也把人类带到了卡夫丁峡谷。

资本主义的历史局限：卡夫丁峡谷悲歌

资本主义一路狂奔过关斩将披荆斩棘，不要说经济危机了，就连两次毁灭了上亿人口的世界大战，也未能阻挡它的步伐。在创造财富方面，资本主义真是行家里手，它高度契合了人类的本能，极其有效和无尽地挖掘着人类的潜能。不仅如此，资本就像一把钥匙，打开了桎梏社会发展的封建制度锁链，天赋人权、自由、平等、民主和法治等现代文明理念，都可以在以产权保护为核心的资本的基本诉求那里找到同盟军，这些要素之间的有效互动，造就了成就辉煌的资本主义文明，漫长的短缺时代被高效神奇的资本主义迅速地完结了。在离去不远的黑暗时代的背影下，资本主义看起来是那么的美好，以至于有人认为历史终结了。

应当说，资本主义是人类历史上的伟大成就，在历史上承担并完成了极为重要的使命，其意义极其重大，是人类的宝贵财富。但大自然中从来就找不到一种没有副作用的事物，代表人类自私本能，作为异化结果的资本，根本不会自我把握分寸，在创造财富的过程中孕育着灾难。在西方有一种说法叫 Money talks, 在中国叫“有钱能使鬼推磨”，资本崇拜所体现的异化泛滥的罪恶开始了它的惩罚。

意大利著名学者杰奥瓦尼·阿锐基在《漫长的 20 世纪——金钱、权力与我们社会的根源》一书的绪论中写道，马克思关于资本的一般公式 MCM’ 告诉我们，资本主义机构把资本投向随之会丧失灵活性和选择自由的特定的投入——产出组合，本身不是目的。他们这样做，只是一种手段，为了达到在未来某个时候获得更大的灵活性和选择自由的目的。马克思的公式还告诉我们，假如资本主义机构看不到他们的选择自由有增大的可能性，或者这种可能性难以彻底实现的话，资本往往转向更加灵活的投资形式，尤其是转向它的货币形式。换句话说，资本主义机构“喜好”流动性，往往让现金周转中的非同寻常的大部分保持流动状态。布罗代尔把“金融扩张”描述为某种资本主义发展的成熟标志，16 世纪的意大利人、18 世纪的荷兰人、19 世纪的英国人都把资本从商业撤离华丽转身为银行家，这种转变是一种反复出现的世界体系倾向。在同样称得上是宏伟事业的所谓福特主义——凯恩斯主义结束之后，美国资本在 20 世纪七八十年代走上了一条相似的道路。在该书的结束语中阿锐基对资本主义的未来不无忧虑地提出了三种可能：第一，通过组建一个全球意义上的世界帝国来结束资本主义历史；第二，资本主义会跟发迹于当代的国家权力一起消亡，市场经济的底层会回到某种无政府主义状态；最后，用熊彼特的话来说，人类在地狱般的（或天堂般的）后资本主义的世界帝国或后资本主义的世界市场社会里窒息（或享福）之前，很可能会在伴随冷战世界秩序的瓦解而出现的不断升级的暴力恐怖（或荣光）中化为灰烬。如果出现这种情况的话，资本主义历史也会自动终止，不过是以永远回到体系混乱状态的方式来实现的。600年以前，资本主义历史就从这里开始，并且随着每次过渡而越来越大的范围里获得新生。这将意味着什么？仅仅是资本主义历史的结束？还是整个人类历史的结束？我们无法说得清楚。

实际上，阿锐基所描绘的图景正是由资本的逐利本性决定的，资本总会本能地寻找回报高且风险低的营生。相对于风险大、投资大、回收期长、管理复杂、经营辛苦同时变现能力差的实体产业，以钱生钱的金融产业往往是资本的最爱，不仅流动性强，且伴随着杠杆的加入回报甚丰。即使在实体产业内部，资本也在不断地从低端产业走向高端产业，外包代工成为趋势。所有这一切导致的结果必然是产业空心化。几百年来，我们目睹了经济中心旋风般的从荷兰向英国再向美国的转移，规模较小的荷兰和英国在资本逐利的征程中显得身不由己，体量大的多的美国能够阻滞甚至终结这一趋势吗？从正在发生的现实来看，资本的力量依然占据着上峰，空间地理纵深和人口规模纵然会在一定程度上影响周期的长短，但很难改变趋势。奥巴马时期重振制造业的努力，尤其是特朗普执政以来不惜以近乎绑架的方式力促投资回归美国，似乎给人的印象是堂吉诃德大战风车般的不合时宜。历史已经表明并将继续展现的是，资本主义节制资本的努力其结果恐怕要么是虚幻的安抚，要么是自欺欺人的骗局。难道高度发达的西方社会对此缺乏深刻的认识且无动于衷吗？显然不是。关于资本和资本主义的解剖应该说相当的到位了，早在一个半世纪前，马克思对资本家追求剩余价值的渴望和疯狂就进行了清晰精彩的分析，并揭示出生产资料的私人占有与社会化大生产之间的矛盾是资本主义经济危机无法消除的根源，危机的不断强化和扩大最终必将导致资本主义的灭亡。这是对资本自私贪婪的本性及其后果深刻的洞见。至于不乏见地的学者们对战术层面上产业空心化的忧心忡忡以及对策，对挽救资本主义的最终命运能够起到力挽狂澜的作用吗？实际上，西方国家早已开始了对资本主义的修补工程，从 19 世纪 70 年代德国建立的社会保障体系，到当代北欧国家的福利社会，社会主义因素在调和资本主义基本矛盾的博弈中，起着缓冲垫和减压阀的作用，资本主义总危机并没有按照马克思的预见爆发，且凭借着新技术革命的浪潮，资本主义社会依然在危机四伏的道路上蹒跚前行，甚至不时地发出光彩使人们产生幻觉，从这个角度来看，资本主义是幸运的也是具有相当适应性的。但是，千万不要以为这是对资本主义具有强大生命力的背书，如果再把西方世界当作纯种的资本主义就将大错特错了，它已经经过了社会主义的改良，只不过所动的社会主义手术远未触及要害罢了。美妙的资本主义不仅是创造财富的行家里手，还极其巧妙地掩盖了人们的自私和虚伪，一切都是那么的自然、合法和正当。正是由于对资本主义结合自由民主制度的完美性的基本崇拜，并且在崇尚自由主义的氛围中，当然地认为政府是麻烦的制造者，资本及其同盟依然进行着“合理”冲撞，使西方世界的社会基础吱嘎作响。

只要资本扮演着主角，两极分化是必然的结果。强者愈强、弱者愈弱的马太效应本质上揭示的是资本的属性，不无诡秘的是，这一点在远比资本主义古老的多的《圣经》中早已准备好了接应，《新约 · 马太福音》第 25 章 29 节明白无误地写道：“凡有的，还要加给他，没有的，连他所有的也要夺过来。”真可谓神来之笔。两极分化加剧、贫富差距悬殊永远是社会动荡甚至爆发革命的根源，民粹主义、种族主义、极端主义以及恐怖主义等都会在这样的土壤中各显神通，心理失衡和仇恨无时无刻不在准备着打破社会的宁静。苏格兰独立公投，英国脱欧，包括眼下未知结局的加泰罗尼亚独立运动，除了少数精英的政治野心之外，更多的还是自私的利益驱使。资本的熏陶使社会像久旱无雨的土地一样板结化了，就连资本主义引以为傲的民主制度也遇到了前所未有的挑战。代表不同利益群体的政党对立使决策效率低下，政权更迭往往意味着政策反置，民主政治中最智慧的妥协越来越少见了，尤其在网络媒体极大便利的提供个人表达意见的环境下，极端主张总是更为抢眼。哪有一项政策能使所有人受益而获得所有人的支持？人人怕吃亏或嫌受益份额少而使计划流产的事情比比皆是，碎片化的诉求分裂中很难实施公共基础建设，所以我们看到的是美国陈旧甚至有些破败的基础设施。克利夫兰城市中心坑坑洼洼的路面，破烂不堪的纽约地铁，怎么说也是给资本主义抹黑。《地球是平的》一书的作者汤姆·弗里德曼写了一篇文章《让我们做一天中国》，不为天真地设想在一天内，把 21 世纪需要选择的立法全部颁布，然后第二天再做回美国。这仅仅是个效率的问题吗？在资本主义主导的世界里，不仅存在着经济的外部性，政治同样具有外部性，那就是自私狭隘的有针对性群体受益的决策，可能会损害其他群体的利益，甚至可能也会损害眼下受益者的未来利益。美国优先的口号尽管自私但一点也不虚伪了，这样更能迎合现实人们的心理，这是一种返璞归真呢？还是资本再也忍受不了政治的把玩而挺身呐喊呢？这场博弈资本又胜利了。但从它的外部性考虑，最终的结局令人堪忧。

刚刚发生不久的两件事情对美国来说可不是什么好兆头，南北战争时期南方军事将领罗伯特·李的雕像被拆除，独立宣言的起草者托马斯·杰斐逊雕像被泼红漆。利益的严重分化最终导致了价值观的对立，甚至把情绪宣泄到奠定国本的民族英雄身上，这种冲突发展到极致会是什么后果呢？只有上帝知道答案。尤其在技术高度发达财富高度集中的今天，思想转化为行动的能力空前巨大，且后果极其严重，仇恨的发泄制造出远远超过“911”灾难的可能，已不再仅仅是科学幻想和好莱坞大片的专长，非传统威胁越来越麻烦和棘手。看来，在创造财富时资本主义的确是能工巧匠，但在如何分享财富的问题上，却显得目光短浅。北欧国家在第二次世界大战后迄今为止的亮丽表现，似乎让人们看到了希望，尽管带有浓厚的社会主义色彩，且有不少人对其可持续性抱有疑问，但至少为资本主义的未来提供了可资借鉴的选择。资本主义使人类快速地脱离了短缺时代，曾经是那么的美好，但资本壮大后同样会变成一个另类利维坦侵害人类。什么时候西方的政治家能够以人类的视野，摆脱资本的羁绊，为资本主义找到完美的归宿。这不仅是资本主义的福音，也是人类的必由之路。

冲破传统的嬗变：中国故事

未来的历史学家在回望人类的历程时，20世纪极有可能是最为精彩的一环。在这波澜壮阔的一百年间，新技术革命、信息化时代使人类社会在工业革命的基础上不断刷新着视野，神话、诗歌和科幻小说中许多天开异想都变成了现实，没有做不到只有想不到，正是对这种日新月异创新纷呈的形象注解，在一定程度上，适应快速的变化，甚至成了对人们生存能力的一种考验。两次世界大战，尤其是原子弹的使用，显示出了人类毁灭自身的可怕能力，协调全球事务的联合国建立了；世界上诞生了第一个社会主义国家，但经过了短短七十四年的时间，以一种超乎想象的方式终结了；人类开启了探寻银河系外的太空之旅；互联网把世界任何角落连接到了一起。这样的经典事件还可以列举很多，在众多意义重大的事件当中，有一件影响人类未来命运的事件发生了，那就是农业时代的佼佼者、工业化时代早期的落伍者，并用自身屈辱的经历诠释了工业文明替代农业文明必然趋势的中国，在人们的质疑、不屑、嘲讽、指责以及恐惧中，以一种全新的模式崛起了。之前取得成功的国家中，最大规模的美国人口为3亿多，全部西方发达国家人口总和不过11亿多，而中国将近14亿人口，占人类总人口约20%，这个体量本身就决定了意义所在。一个曾被人怀疑能否养活自己的国家，竟然奇迹般地完成了现代化的跨越，究竟发生了什么，又是如何发生的，中国的突变吸引了众多的目光，试图破解这一独辟蹊径深含寓意的世纪之谜。关于中国奇迹的解读太多了，甚至快成了一门专业了，大量不同角度和层面的分析，汇集着方方面面的智慧和眼光，可以说作为一项研究已经硕果累累，但由于这一命题太过重大，且中国的实践不断地在向纵深发展，在这里多花一点笔墨，从不同的维度进行梳理，或许并不多余。况且，后续的内容是在此基础上的自然延伸。

历史遗产及其觉醒

一直以来，光辉灿烂的五千年中华文明表达了中国人的民族自豪感，但在一定程度上，这种屹立于东方的大国自信，与许多黑暗的历史瞬间对照起来，总是显得有些不够圆满。试想一百多年前的中国人当时的感受是什么呢?

一盘散沙、任人宰割、生灵涂炭、民不聊生的悲惨境地，哪里会有什么一丝的自豪，鲁迅笔下的《狂人日记》，从字缝里看到的历史只写着“吃人”两个字。这里绝无自黑民族历史的动机，只不过准备面对历史时，在额头上沾点凉水使自己能够更加理性一些。其实，人类历史正是在曲折反复的过程中不断向前的。从自然演化的大视野来看，今天地球上现存的人类都是时间坐标下的幸运者和优胜者，其先祖们不知化解过多少次危机，辗转了多长的旅途，经历了多少机缘巧合才让你活在当下的时空里。在这一梦幻般的幸运背后，又不知有多少不幸者没有逃过各种灾难，早已消失在历史长河中，甚至没有留下一丝痕迹。从这个意义上讲，任何一个民族都应该有充分的理由充满着自豪。如果给足不同区域的种族独立演化的时间，说不定人类会有更多甚至更加完美的文明结构。然而，对于进步如此神速的人类来说，地球还是太小了，不仅山川、河流和荒漠阻挡不了人类的穿越，就连浩瀚无际的海洋也最终被征服。各具特色的不同族群之间，最初的通常交流方式就是战争，其结果是不断打破着各自演进的路径。中华民族也毫不例外地沿着这样的轨迹一路走来，尽管远远看去都是人类滚滚红尘中的一个行进方阵，但当路过面前时却展现出了卓尔不群的独特风姿。

一般来说，疆域的规模跟统治力量的强弱成正比，世界地图基本上是按照这样的逻辑，几千年来不断变化着模样。一个新帝国崛起自然向外扩大它的边界，而当一个帝国衰落的时候又会分崩离析。古罗马帝国、蒙古帝国、奥斯曼帝国、大英帝国等都是这一逻辑的经典样本。枯燥沉闷的历史循环中，总会出人意料地弹出一些非同寻常的乐章，这不仅让历史跌宕起伏妙趣横生，且往往历史的进步相伴而生。中国恰是这样的一个例外，她是在相对国力几乎处于历史最低谷的状况下，保存了与其鼎盛时期相比并不逊色的国土规模，为后继的优秀儿女们，准备好了足够大的表演舞台。关于这一点，美国普林斯顿大学社会学教授吉尔伯特·罗兹曼在他的《中国的现代化》一书中表示了格外的惊奇。这样的历史奇观究竟隐藏着什么玄机呢？人们可能会从现代国际大国政治博弈的角度去解释，毫无疑问有这样的因素，但恐怕存在着致命的缺陷。有哪个霸权愿意看到任何地方盘踞着一个体量巨大潜力难料的大国？更何况是一个曾经傲视全球的大帝国。还是让我们把目光转到这个神奇的民族吧。从政治发展的角度来看，中华民族是一个早熟的民族。秦帝国建立的中央集权体制，到今天还能看到它的影子，独步全球的科举制度，更是将历代精英汇集到金字塔结构的帝国大厦的各个层面，独尊儒术的精神教化渗入骨髓，宗教的力量从未染指过权力。这样的政治结构和文化体系，出色地适应了农业时代的要求。当然，在万世一统的政治文化传承中，帝国经常被打得四分五裂。在冷兵器时代，文明落后的部族打败文明先进的部族的事情随处可见，一点也不奇怪。但不管是帝国倾覆，还是政权更迭，也不管是哪个民族统治，征服者的文化皈依，使中华文明从未被打断，不同族群之间的相互融合，使流淌在这片土地上子孙后代的血脉成分丰富多彩，中华民族在不断的包容和同化中完成了一次次的自我修复。这一现象造就了人类漫长的演进史上绝无仅有的历史奇观，就连 12 世纪前后流入中国的一只规模不大的犹太人队伍，也被同化得无影无踪，而散布在世界其他地区的犹太人，则坚守着自己的独特传统，为 1948 年以色列复国做着各种准备。

如果没有工业革命的发生，真不敢想象这样一个文化底蕴十足、吸收同化能力超强且极具韧性的庞大帝国，会如何在时空中伸展她的身躯，难道沿着这样的轨迹，真会实现人类天下大同的理想吗？人类总是怀有无限的迷思和遐想，但历史从来不会给假设留下任何机会。田园牧歌时代就要终结了，曾经的佼佼者要接受现代文明的洗礼了，过去的辉煌并不必然会促成未来的荣耀。当工业文明在西方已扎下深根并茁壮成长时，古老的东方大地依然在帝国斜阳下悠然自得，丝毫不去理会“蛮夷”们的奇技淫巧。古圣先贤们早已树立了楷模，能够再现他们的荣光，将会作为大德盛世传颂流芳。帝国的最高智慧被囹圄于浩瀚的古经盛典中，在那里一代代精英们不仅可以实现人生的追求，同时也获得了安身立命的归宿。这也就解开了李约瑟之谜，不管是出于个人的兴趣喜好，还是出于实用的需要，尽管中国历史上产生过无数的创造发明，但这些对人类充满意义的事情，并没有在正统的殿堂里占得一席之地，也没有什么产权保护制度，使艰辛的付出者得到丰厚的回报，权威的授业解惑中更没有传承和发展这些知识的任务，剩下的只有等着后世的边缘化学者们，在艺海拾贝中唏嘘惊叹了，怎能企望在这样的格局中产生技术革命呢？没有第一个发生技术革命并在此基础上推动工业革命也就罢了，毕竟人类文明竞赛长跑中的领先者，从来也没有固定给哪一个选手，但可怕的是在被先进文明粗暴地提醒后，帝国仍自恋在往昔的虚幻优越中，如自大的夜郎拒绝接受现代文明。可想而知，不同时代维度之间的冲突结果往往是碾压式的，但这些似乎还不足以让古老帝国改弦更张。看来，是需要一个熟悉的面孔来现身说法了。历史就是这么给力，几乎在同一个时段，一个一直以来跟随中华文明脚步一衣带水的近邻日本，在领略了现代文明的优势后，急步跟进先声夺人的西方，一举完成了超越，且在随后不久就以极端的方式教训了故步自封的文化母体，并据此以蔑视的心态，把中华民族贴上了劣等的标签。至此，正像一头打盹儿的狮子被一条疯狗咬了一口，一个昏睡多年抱残守缺浑浑噩噩，陶醉在自我成就中的中央帝国真正开始了觉醒。

由于在人类文明换挡的早期，携带的历史遗产过于沉重，极不情愿被卷入现代浪潮的古老帝国，上演了一幕幕滑稽悲剧。当一切努力都无济于事时，曾经的妄自尊大一下子反转为无可救药的劣根性自嘲。不仅是充满优越感的外国人，就连自己同胞中的不少精英们，把几乎能够罗列出来的人性之恶的种种标签，贴满了苟且偷生的中国人，似乎坐实着这是一个难以完成现代文明进化的民族，阿Q在这里并不是最丑陋的写照。可以想象，生活在那个时代的热血志士是怎样的一种愤懑和悲凉，山河破碎、兵荒马乱、遍野哀鸣的东亚病夫真可谓千疮百孔奄奄一息。正是在这样一个最为黑暗的历史背景下，一部波澜壮阔意义深远的史诗般盛典，徐徐地拉开了大幕，一场人类历史上最为震撼的民族自我救赎开始了。

在中国历史上，王朝更迭疆土分合早已司空见惯，且在农耕文明中往往是军事组织化程度高的强悍部族或集团，获得优势一统天下，但开国者们的文韬武略从来没有一个能够经受住时光的侵蚀，在循环递弱的总体趋势下，不争气的子孙们，以各种方式终结着先辈们的传奇，谁也逃不出历史周期律的宿命。幸运的是，不管谁领风骚，中华文明的涓涓细流穿越了时空一直在静静地向前流淌。但大清王朝的覆灭，再也不像从前那样简单重复着历史上的改朝换代，一代新君踌躇满志重整山河。作为中国历史上第一个各种势力妥协的经典之作，“中华民国”从一诞生就充满着内忧外患，应该说，在那样一个外部列强随处干预，内部军阀山头林立的动荡中，能够保持一个国家名义上的基本统一，实在不是一件容易的事情，那些纵横捭阖殚精竭虑的统治者，理应得到历史的尊重。清朝留给“中华民国”的烂摊子里，最为头疼的是列强势力的干预和控制，而其中最危险的是处心积虑妄图吞灭中国的日本。作为亚洲国家中早期工业化的优胜者，面对邻居羸弱不堪的大好河山，是无论如何也压抑不住扩张的野心的。尽管早有不少有识之士认识到这是千古未有之变局，但对这场危机性质的认识并不充分，这绝不仅仅是不同于以往陆上相互攻伐的海洋入侵，本质上是工业时代对农业时代的迭代操演。甚至今天偶尔还能听到一种奇葩论点，认为如果抗日战争持续的时间再长一些，没准儿日本也会像历史上的北方部族一样，被同化而成为中国的一部分了。这种可笑的臆想简直就是对文明维度演进关系的严重无知，不要说日本了，就连港台地区至今还不时爆出认同杂音呢。从这个逻辑推断，时代维度的不对称打击，将使中华民族在劫难逃了。

百年的屈辱和苦难就像人间炼狱，通红的炉火毫不留情地熔炼着一切。各种思想、理论、主义、主张、势力和行动，在传统与现代为大背景的交织碰撞中，正孕育着一场前所未有的嬗变。是的，在这一事关民族存亡的大搏杀中，一个全新的政治力量中国共产党登上了历史舞台，这是一个饱受传统文化滋养并接受了现代启蒙的优秀分子的同盟。她把谋求全体人民的共同幸福作为自己的宗旨，崇高的信仰化作精神力量吸引了无数的中华儿女，在她的旗帜下，不惜生命捍卫信仰的英烈们，不仅增添了人类历史上最大规模的英雄记录，而且洗刷了受尽凌辱的中国人苟且偷生的污名。她是一个善于总结学习，勇于修正自我，与时俱进的组织，各种错误伴随着她的历史，甚至有些严重的错误几近造成灭顶之灾，这也是她不断遭到诟病的一个重要原因，但她总能通过自我净化不断地完善和壮大。她是一个坚定自信的组织，没有什么力量能够改变她的宗旨和目标。她是一个实事求是、敢于担当且积极作为的组织，能够准确地把握机遇，巧妙地整合一切力量达成目标。

正是这样一个组织，从成立之日起只用了短短28年的时间，在她深深植根的土地上，通过艰苦卓绝的努力并付出了巨大的牺牲，带领中华民族闯过炼狱之门实现了浴火重生，一举完成了真正意义上国家的基本统一，且使整个民族达成了前所未有的国家认同。能够在没有外来入侵威胁的环境中开始建设，中国的现代化追赶真正踏上了起跑线。当然，有人可能会说，赶走日本侵略者，是搭了以美国为首的世界反法西斯同盟的便车。那又有什么关系呢？这不正是历史对中华民族的格外垂青吗？想要再看一看中华文明，在更具挑战的时代是否还会充满魅力吗？1949年，请记住这个人类历史上又一个重要时点吧！

蜿蜒曲折的工业化之路

时光如梭，岁月催人。转眼间时针指到了2010年，这是一个让世界发出惊呼的时间坐标，按当时汇率计算，中国GDP超过日本成为全球第二大经济体。一时间，关于这一事实的话题成了众多场合议论的中心。实际上，在当时一个更具意义的事情，并没有引起人们应有高度的关注，那就是同样在这一年，中国的制造业产出，超过了占据世界第一位置115年的美国，在500种主要工业品中，中国有220种产品的产量排名第一，其中，像钢铁、煤炭、水泥、化纤、平板玻璃等基础工业产品占世界的比重接近和超过了50%，手机、汽车、船舶、家电、集成电路等最终产品和深度加工产品也占据着相当的优势，且这种优势整体上处于继续扩大的趋势中，中国已经成了名副其实的世界工厂，人们甚至使用经济黑洞来形容中国制造业的扩张。试想一下，1949年的时候，中国的工业基础是个什么状况呢？一穷二白的形象比喻并没有过分夸张，当时全国的钢产量大约16万吨，不要说造汽车轮船了，就连一颗铁钉生产都满足不了需要。严格地讲，饱受工业文明教训的中国，当时依然处在农业时代，而到了2010年，中国完成了初步工业化。那么问题来了，经过短短的一个甲子，怎么就一跃而起成了制造业的世界第一了呢？解开这个世纪之谜对人类的未来之路意义重大。

中国的工业化走了一条完全不同的道路，由于一百多年的屈辱经历，使毛泽东为代表的领导者们坚信，强大自主的国防力量是免于被再次侵略的根本保证，因此，建立和发展国防工业所依托的重化工业成为优先选择，在这里不妨将其称之为跨越式工业化。一般来说，重化工业是轻工业发展积累到一定阶段产业升级的结果，中国当时并不具备条件。风云际会机缘巧合，正是历史生出那么多意外的迷人之处，“二战”后的冷战格局，使中国处于美苏争霸在远东的最前线，中国共产党与生俱来与苏维埃的渊源，使新中国一面倒向苏联并没有什么悬念，朝鲜战争中中国军人的出色表现，不仅增加了一道投名状，而且显示出，一个能够独当一面的中国，对整个社会主义阵营意义重大，把中国一定程度的武装起来，成为东方卫士可谓算到精妙。一场以苏联为首支援的轰轰烈烈的工业化开始了，这是一场完全打破了一般国家工业化的通常顺序，直取制高点重化工业的跨越式工业化，而且一上来的起点之高、规模之大令人叹为观止。让人至今感到自豪的是，1954 年自主制造的飞机上了天，1956 年自主制造的汽车下了线，从 1949 年起 10 年的时间，钢产量增加了 60 多倍突破 1000 万吨，一大批科研院所相继建立。可以说，仅仅用了短短十年左右的时间，中国完成了一次神奇的跨越，一个古老的传统农业大国，在巨大的政治洪流中，催生并成长出了以重化工业为主体的现代国家工业体系。当然，这种战争背景导向的产业结构必然是畸形的，农业付出了沉重的代价，人民生活没有得到明显的改善。但这种具有高效动员能力，能够集中力量办大事的体制，倒是让中国由于军事力量的增强，获得了主要靠自己可以掌控和预期的和平发展环境，基本消除了近代以来所面临的被侵略的威胁，对于一个积贫积弱受辱百年的大国来说，真正地站起来，是一个了不起的成就。关于这一点，尤其是在中苏关系恶化后，中国在极其困难的条件下，坚持独立发展核武器及航天技术取得成功后更是如此。

这段不可思议的发展历程或许人们会问，它可以复制吗？其他国家可以通过模仿也走这样的捷径吗？答案是几乎不可能。这里并不准备为某种制度或某个组织具有无可比拟的优越性进行论证，只想尽可能复原史实以供后人借鉴。这是一段人类历史上绝无仅有的短暂瞬间，高度浓缩和精彩路演了政治、经济、社会以及国际关系等因素间的协同效应，如此复杂的要素聚合毫无疑问充满了偶然性。首先，冷战初期独特的地缘政治环境，除了前述的美苏争霸的大背景，败退台湾的国民党政权念念不忘反攻大陆，如何快速地建立强大的国防，是优先发展重化工业的内在需要。

其次，尽管处于生产力水平极其低下的农业时代，但中国是个超大规模的国家，集中资源倾斜到有限的目标领域，形成局部优势实现突破，从一种战略构想变成了现实。而在这个过程中，不仅新生政权展现出了远大的目光、非凡的胆魄、坚毅的自信以及高效的组织动员能力，更具深远意义的是，整个民族的意识被唤醒、激情被点燃了。一大批精英放弃了令人羡慕的工作和优裕的生活，从世界各地赶来加入这场伟大的人类实践之中。曾有美国学者的一项研究表明，人们为他人或某个组织工作无怪乎出自三种动因：一种是被强制，一种是获取报酬，再一种就是被吸引。值得特别关注的是，以目标或信仰认同为基础的被吸引的力量，往往在一些重要的历史关头发挥着关键性甚至是决定性的作用。坚苦卓绝的抗日战争胜利后，占绝对优势的国民党短短三年便全面溃败，让当时几乎所有的战略家大跌眼镜，难道不是这一洞见的最好例证吗？可以说，精神的力量在那激情燃烧的岁月，成为克服一切困难的重要支柱，勇于牺牲一切的豪迈，使得在其他环境下不可能的事情成为行动。我们看到今天的人们，为了获得更好的机会，拥挤在北上广深等条件优越的大城市，而那时大量的各类人才却是按照国家的需要，从上海、沈阳等工业基础相对发达的地方，奔赴全国各地的落后地区，不是为了金钱和享受，而是为了追逐民族复兴的梦想。在那个年代，一纸简单的行政命令或通知，不知省却了多么大的人力资源成本。被吸引，恰恰是一切不可能变为可能的催化剂。也正是在这一跨越式工业化过程中，数以百万计的农民走进了工厂成了工人，大量的科技人员不断地成长，他们不仅通过学习和摸索，完全掌握了工厂正常生产所需的各种技能和知识，而且为日后在改革开放中大显身手的民营企业，做着毫无意识的准备。所有这一切的实现隐含着一个重要的前提，那就是发展所必需的长期稳定的政治环境，即一个强有力的政党坚守着她的根本理念，并努力地进行着不断的实践，尽管会出现失误或偏差但终能得到纠正，而广大民众无论付出了多大牺牲，依然以无比坚忍的民族性格怀抱着期望。试想，这样的历程能够复制吗？

要是激情能够保持旺盛不衰该有多好啊！要是那样的话，历史规律尤其是经济规律就不会再起什么作用了，结果很可能就是愿望加胆量。但是，短暂的速度与激情过后，终归要面对的是平淡的生活。时间不一定能够湮灭理想，但会慢慢地浇灭激情。同时，权力的侵蚀性经过时间的发酵，也开始露出狰狞的面目，扭曲着曾经的美好。一旦出现了问题，激进的理念就像始终无法摆脱的幽灵，显然在那个时期获得了更多的青睐，通过荡涤一切污泥浊水的意识形态斗争，试图重燃往日的激情永续辉煌。岂知，时过境迁荣光不再，昨日的老大哥成了咄咄逼人的战略围困者，一场场运动不仅没有起到促进生产的目的，而是在一个个政治旋涡中，搞得运动员们身心疲惫人人自危，就连吸引了无数优秀儿女为之奋斗的崇高理想和远大目标，也从曾经的那么清晰那么接近，渐渐变得模糊起来，似乎越来越遥不可及。真可谓成也萧何败也萧何，世界上的一切事物都在不断地变化之中，战争背景下行之有效的经验和做法，如果不能随着时代的变迁相机调适，往往就会成为现实中问题的根源。政治烈火并没有烧除人们的私心杂念，浪漫的理想无论怎么进行灌输，也取代不了世俗的衣、食、住、行。当一代伟人怀着惆怅不舍和遗憾不甘的心境离去的时候，中国的形象就像是在火红年代的背景上笼罩着一层阴影。尽管这个时期实际上取得了相当惊人的成就，比如，基本普及了小学教育，年轻人绝大多数具有了不同程度的阅读能力，实现了水平有限但却普遍的医疗服务，人口预期寿命大幅提高，妇女彻底解放成为半边天，几万座水库的修建从根本上改变了农业靠天吃饭的命运，发展了具有威慑能力的战略核打击力量，尤为重要的是，建立了完整的工业体系，等等。但与同时期创造经济奇迹的日本相比，则显得黯然失色，再加上一大批那个时代蒙冤受害者们的苦难宣泄，所有这些了不起的发展成果都显得微不足道了。但没关系，好在历史就在下一站等着它们上车，从人类发展的历程来看，如果不发生重大意外的话，真正具有意义和价值的事物是不会被埋没的。

改革开放对中国来说就是现实世界中的凤凰涅槃。根本无须论证这一即将惊艳世界的人类奇观是历史逻辑的必然，我们可能唯一敢于肯定的必然是地球终究会毁灭，能够在回望历史的时候，把究竟发生了什么的事实说清楚已属不易，而试图证明在某个时刻必将发生什么纯属无稽之谈，所有的渐进演变无非在为某一时点的相机突破进行着默默的准备，把握住了机遇就成为历史的幸运者。中国在一个并非必然的时候选择了改革开放，而且义无反顾地融入世界，真正开启了追寻大同的天下之旅，其历史意义何其深远和重大，或许超出了当代的认知局限，仅从所露端倪便震惊不已。如果说在此之前全部的描写，基本上是学习和研究历史的产物，那么，改革开放之后的记述，则包括了不少的亲身体验。当中国的大门以前所未有的姿态向世界打开的时候，几乎所有人如大梦初醒。水深火热中的帝国主义竟是如此发达，资本家看上去并不凶神恶煞甚至还有些儒雅，总统在选民面前怎么显得那么谦卑，一个家庭会有好几辆汽车，一栋栋别墅竟然是每个家庭所拥有，难道我们梦想的共产主义会成为这样吗？记得 1979 年在高中政治经济学课堂上老师进行的一个计算，中国需要 160 年的时间才能达到美国当时的水平。后来上大学时看到一本日本人写的《中国现代化的梦想》，其中讲到中国计划到 2000 年前后建成 23 座年产 1000 万吨的钢厂时，充满了嘲笑和不屑。再后来读研究生时看到的一篇研究报告中预测，到 1997 年汽车开始进入中国家庭，觉得当时的年工资收入不过区区 1000 元左右，10 多年后就有汽车购买力，简直是痴人说梦。更为深刻的体会是 1994 年第一次出国去日本进行商务访问，鳞次栉比的高楼大厦，子弹般的新干线高铁，高度现代化的工厂流水线，真是被震撼到快绝望了，想起当年政治经济学老师 160 年差距的测算，还真不算是庸人自扰妄自菲薄。写到这里，一种奇妙的感觉油然而生，那就是作为一个当代的中国人是多么的幸运啊！在一个通常以百年甚至千年为度量单位来考察人类演进的地球上，能够作为一个个活生生的样本，目睹和体验人类如何从一个农业时代跨入工业时代并迅速地完成了工业化，这可真不是一般的运气，不敢说是不是绝后，但至少是空前的。那么在这里一定需要搞清楚的是，改革开放后中国究竟做对了什么呢？

其实，研究经济增长在西方经济学那里，早已不是什么高深莫测的难事儿，归根到底无非就是在一个稳定可持续发展的环境中，各种生产要素投入的规模、强度及其协同的效率，在时间的序列上所产生的结果而已。根据这样的理论架构进行考察，中国的发展模式似乎并没有超出一般常识性的逻辑范畴，但最终的结果显然需要更有说服力的解释。尽管有关中国经济奇迹的研究已经非常的多了，其中也不乏颇有见地的论述，但作为一个这一举世瞩目辉煌历程的参与者和见证者，尝试着从不断的观察和反复的思考中提炼出一点见解，算是对有幸生长在这个时代的一种感恩吧。

首先，经济发展的前提是需要有一个稳定的社会政治环境。早在20世纪70年代初期，尽管作为有核国家被大规模入侵的可能性几乎不存在，但自从与苏联关系恶化后的长期封闭和备战，使中国陷入了经济结构严重失衡，总体差距不断扩大的被动局面，如何彻底扭转这种状况，成了那个时期的矛盾焦点。而事实上，当时的国际环境已经发生了深刻的变化，“二战”的硝烟早已散去，和平与发展渐渐地换下了战争与革命的大幕，成了新的时代背景，中苏之间的交恶反倒打破了中美之间的坚冰，使冷战格局出现了重大的反转，一场短促的对越自卫反击战，更是强化了这一战略腾挪的结果，中美关系进入了罕见的蜜月期，中国开展大规模建设，完全可以从经济性的要求考虑进行空间布局，再也不用按战争准备钻山打洞事倍功半了。在美国战略家的心目中，壮大中国对遏制苏联的野心和冲动是最划算的选项，尤其在苏联入侵阿富汗后更是如此。同时，伴随着经济的发展，中产阶级的成长，民主化将会在中国水到渠成。中国很好地抓住了这一机遇，又一个火红的年代开始了，但这一次的炉料可不再是单纯的理想和情怀了，一时间，技术、资本、经营、管理等所有与经济发展相关的要素，在这片辽阔的大地上，共同助推着后发优势尽显魔力。尤为重要的是，计划的垄断被打破，市场的力量催生了汪洋大海般的民营经济，自由、民主和法治等现代基础政治理念，从意识形态的朦胧中走进了人们的现实生活。历史就像一条蜿蜒曲直的河流，在奔向大海的旅程中既有波澜不惊的温婉绵绵，也有激流险滩中的波涛汹涌，更富诗意的是在崇山峻岭中的千回百转。当人们满怀豪情并伴随着各种争论搏击于改革开放大潮中的时候，一股急流打乱了前行的步调，“89”政治风波戛然终结了中美的蜜月。随后不久苏联的突然崩溃使中美关系更是雪上加霜，在关系恶化的顶峰期，竟然发生了中国驻南联盟使馆被炸的野蛮事件。尽管国际环境的骤变并没有改变中国改革开放的决心和行动，但毕竟增添了许多困难和麻烦。在一种对可能会爆发新冷战的忧心忡忡中，“911”恐怖袭击再一次历史性地改变了世界格局。一个重要的标志是，2001 年 12 月 1 日，也就是在恐袭事件发生后仅仅 70 天，中国加入了经历无数曲折谈判的世界贸易组织，重新进入了经济发展的快车道。大国间的博弈还会继续，但对抗与遏制的主基调，更多地让位给了竞争与合作，任何一个大国主宰全球事物的企图，显得越来越不合时宜。毫无疑问，通往天下大同的理想国之路还有很长很长，但秉持和平发展理念的中国，以在实现民族复兴的道路上同时惠及世界的胸襟，将会不断营造出愈加广阔的空间，正所谓沧海桑田，得道者多助也。

其次，改革开放后的中国，就像开闸放水的洪流奔涌向前，蕴藏在各个角落里的潜能一下子被释放了出来。当发财致富脱掉了资本主义尾巴的恶名，天生不甘人后且深谙市场魅力的中国老百姓，使出了浑身解数调动着可能利用的一切资源，亲朋好友间的合作和帮衬自不必说，海外关系转眼间从风险变成了强大的优势，资产在转化为资本的过程中好像很少受到产权是否明晰的羁绊，根本无法想象的是，从哪里变魔术般地冒出了那么多大大小小的经济细胞，一场改变自身命运的全民运动在不同的起点上开始了赛跑。可以说，不管是政府还是个人，在把资产或资金转化为资本上都有一套。我们看到的是，补锅的、修鞋的、弹棉花的、修伞的、打铁的、卖菜的、爆米花的、炸油条的、蒸包子的以及各类走街串巷做小生意的等，无论原始起点是多么低，资本在他们那里就像雪球一样，神奇地滚了起来。尤其在改革开放初期总体短缺的大背景下，几乎无须考虑产品的销路问题，所要关心的是如何加大马力更大规模地进行生产，国有企业和科研院所的一些观念灵敏的工程师，利用业余时间为无数的民营企业提供技术支持，同时改善着个人的收入。有一点特别值得一提的是，新中国成立初期跨越式工业化所付出的代价，这时反倒获得了意外的补偿，对于已经熟练管控大工业的工程技术及管理人员而言，再扩建同类企业驾轻就熟，而转型到复杂程度相对简单的轻工业，几乎不需要付出多少学习成本，而改革开放之初起步的恰是投资较少的农产品加工业、轻工业甚至是手工业，这或许就是冥冥之中的祸福相依吧。几乎在同一个时期，农村开展联产承包责任制，及其核心理念在国有企业早期改革中的推广，大大提高了生产力，粮食连年增产，工业突飞猛进，大量的成套设备和技术引进充分实现着后发优势，“三来一补”的合作方式吸纳了大量的劳动力，合资企业甚至独资企业从新生事物，很快便成了政府财政收入的一个重要来源。可以说，在简政放权的政策鼓励下，当时的景象真是八仙过海各显神通，一个地区甚至是一个企业的成功经验迅速就会在全国得到推广。只要听说哪个行业赚钱，一窝蜂地投资建设很快就会形成过度竞争的局面，家电行业是这样，门槛极高的碳纤维和光伏行业也是这样，就连看似高不可攀的机器人行业，还是在出现着这样的局面。毫无疑问，过度竞争在造成了一定资源浪费的同时，也极大地加速了产业的迭代发展和整合。其结果是，经过短短二十年左右的时间，到 20 世纪 90 年代中期，中国经济就从全面短缺，发展到除少数产品短缺外整体过剩的局面。到这里一切看似平淡无奇，并没有什么是不可复制的。的确，大致的过程就是这样，只不过需要负责任强调的一点是，所有的改革开放进程，都是由具有高效动员能力的政府主导的，各级政府不仅是政策环境的创造者，而且是行动的参与者，政府官员晋升的一个重要甚至是首要政绩考核的内容就是 GDP，招商引资一度成了政府的主要工作，省、市、县、乡甚至到村一级不同层面的地区之间，展开了 GDP 大赛。这一点，在经典的治理模式中简直就是离经叛道被杜绝的，要模仿的话还真需要些胆量。当然，政企不分、政商协作对滋生腐败显然提供了便利，导致腐败作为阶段性的现象会由此而加剧，但是为了速度和效率与时间赛跑，中国共产党愿意并有信心承担这样的风险，且在愈演愈烈的腐败甚至发展到威胁执政基础的严峻形势下，通过力度越来越大的反腐举措经受住了考验。这可能是一种别具一格的混合经济吧，应该是中国特色的一大亮点。

再次，基础设施建设先行是一条重要的成功经验。能源动力在现代社会就像空气和水一样，早已与人们的生活密不可分，而交通和通讯的发展状况，则直接决定着整个投入产出过程中要素协同的效率。这些在今天看来是再简单不过的常识了，体现了互联网时代的最基本特征——连接。改革开放之初，过一次黄河大桥平均需要半天的时间，因为桥面窄只能单向通行，每八小时轮替一次方向；在南方水网地带的一条小河沟，也需要摆渡或绕行很远的地方过桥；50 公里的平原道路两小时能够到达就算顺利了；铁路的车皮计划永远是企业公关的重中之重，因路途遥远时间漫长再加上路费的考虑，不少大学生假期放弃了回家与亲人团聚；家庭电话是地位的象征，长途电话和传真更是稀缺资源，五天左右送达的信件是远距离信息交换的主要方式，昂贵的电报只是紧急情况下的选择；飞机对绝大多数人来说只在天上、电影里或图片上见过；1980 年全国海运港口货物综合通过能力不到 2.2 亿吨，仅相当于今天一个默默无名的南通港；有计划的供电和停电反映了电力短缺的严重状况，而管道输送能力几乎可以忽略不计。可以想象，羸弱无力的下肢是无论如何支撑不了快速的奔跑的。从 20 世纪 80 年代中期掀起的基本建设高潮让中国被称为基建狂魔，三峡大坝、西气东输、西电东送、跨海大桥、高速公路、高速铁路、核电站、洋山港、移动通信（2G、3G、4G）、互联网等一系列工程在人们的惊呼中相继建成。更多的建设成果早已被人们熟知，这里不做过多的赘述，但在整个过程中，有一个关键的事实不可忽略，那就是跨越式发展的理念。以通信为例，当时固定电话还是落后的步进制交换机，下一代的技术是纵横制交换机，但更先进的程控交换机刚开始应用，中国大胆的直接跨代采用了程控交换技术，一举超越了印度。移动通信的发展同样是在一次次争论中果断地迭代升级，毫不犹豫地紧跟着时代的步伐，尽管付出了巨大的沉没成本也在所不惜。高速公路、高速铁路、核电以及超高压输电等项目的惊人成就，无不是跨越式发展理念的实践结果。实际上，落后国家在追赶先进国家的过程中，都是在由于技术进步所导致的新兴产业的更替中，抓住了机遇后来居上的。

说到这里，人们可能会产生一个重大的疑问，世界上有哪个国家不想通过跨越式发展实现快速的追赶呢？中国凭什么就能够做到了呢？如果解不开这个谜，所有的描述将毫无意义。其实，问题的答案并不复杂，这就是中国人的超强学习能力和自强不息的民族性格，几千年的文明底蕴发挥了重要作用。在中国的传统文化中，通过读书改变命运是一个根深蒂固的共识，不管是科举取士时代的十年寒窗，还是为了一份好工作拼命地高考，望子成龙是每一个家庭的期待和梦想。富家子弟接受良好的教育不足为奇，就是变卖家产四处借钱供孩子上学也比比皆是，甚至出国留学早已不是家庭背景的炫耀。这种自强不息奋发向上的民族性格，更在知识是第一生产力的全新认知中发扬光大。百年耻辱中的中国人被严重误解为不思进取的东亚病夫，那是腐朽政治的极端扭曲。振兴中华的梦想激励着中国人如饥似渴地汲取各种现代知识，其结果是通过不断学习，充分且出色地发挥了后发优势，取得了令发达国家备感压力的进步，并奇迹般地实现了跨越。然而，这种引以为豪的超强学习能力，却引来了山寨大国的种种指谪，真是颇为讽刺。这或许就是赶超者无法逃脱的宿命吧，早期的德国、美国和日本，谁又在追赶的时代，没有因为山寨而被谴责和声讨过呢？这不正是后发优势的真实体现吗？当然，不断健全和完善法治环境，支付合理的学习成本，应当是一个现代国家走向成熟，并进而赢得尊重的必由之路。

最后，作为一个大国，超大的人口规模和辽阔的疆域国土，使中国天然拥有着巨大的产业容纳和承载能力，而且由于地缘优势的差异，形成了总体上从东部沿海地区向西部高原延伸的经济发达程度的梯度结构，胡焕庸线从人口地域分布角度，形象地印证着这一现实。发达国家由于产业升级或环保等原因，把大量的劳动密集型低端产业或生产工序转移到落后国家，同时通过外包降低成本是跨国公司的普遍做法，改革开放之初的中国便是这一历史机遇的最大受益者，这也正是今天有些国家产业空心化，并指责中国夺走他们就业岗位的一个重要原因，客观地讲，这并不完全是政治家们的选战作秀，它的确反映着部分事实。中国由于地区发展的不平衡，当沿海发达地区由于各种原因需要进行产业转移时，广大的中西部相对落后地区正等着项目落地呢，实际上我们已经看到了这样的情形发生，不同地区比较优势的发挥，在广阔的国土上构成了梯次发展的产业纵深，根本无须担心产业空心化或就业岗位流失现象的发生。另外，受益于被全面封锁年代的自力更生，中国拥有着世界上最完整的工业体系，任何产业的发展都具有程度不同的基础，且各个产业都在本领域里盯着世界最高的目标进行着追赶，各类人才总能找到合适他们的位置，周期性产业波动的影响，正好被产业间的资源流动所减弱，正所谓东方不亮西方亮，这或许是比较优势理论在产业布局层面的体现吧，其结果必将是全面的赶超。从产业内部来看，分工越来越细，集群式布局所形成的超强产品配套能力和规模效率，使中国制造几乎在除少数尖端之外的任何领域具有强大优势。而且，随着中等甚至高等教育的普及，劳动者的素质越来越高，就像施肥深耕过的肥沃土地，成了投资环境中最有竞争力的要素之一，主要靠廉价劳动力吸引投资项目的时代过去了。分工的专业化也已不仅仅是产品生产的绝技了，向西方投行学习的精英们很快从企业经营中分离出来，以敏锐的眼光搜寻着一切可能改变未来的商机，一旦行动，便会在不到两年的时间，使一种新技术或创意迅速转化为产业并开始产生回报，这样的速度和效率令许多国外同行望之兴叹。至此，对中国奇迹的感悟就叙述完了，试图用这么少的文字把整个过程全部讲清楚，显然是不可能的。这种选择性的重点概括，如果对理解这段不太久远的历史有所帮助的话，便心满意足了。

新时代的曙光及挑战

完成了一步重要跨越的巨人并没有放慢脚步，2017 年中国的 GDP 已经达到了日本的三倍。人们热议的话题，逐渐离开了对中等收入陷阱等问题在各种心态下的研判，开始转到什么时候超过美国了。早在 2007 年，美国哈佛大学经济史教授尼尔 · 弗格森在 3 月 5 日的《洛杉矶时报》，以《买下中美国》为题的文章中首次提出了“中美国”（Chimerica）的概念。真是无独有偶，就在次年，时任美国彼得森国际经济研究所所长弗雷德 · 伯格斯滕，在 2008 年夏季出版的《外交》杂志上发表的《平等的伙伴关系》一文中，首先提出了 G2 的概念。从现在来看，这些观点颇有远见，只不过提出的时间过于超前，且提法刺激了相当多敏感的神经，在当时更多的是被视为对中国的捧杀，并没有太多人真正把这些概念当回事儿。历史就是这么任性，在人类这场没有终点的赛跑中，当爱恨交织的中美两国相伴着，把背影远远地留在了后面的时候，五味杂陈的各种议论和推测，开始渐渐地接受并正视这一事实。关于这一点，马克思在一个半世纪前，就看到了经济活跃中心从地中海沿岸到大西洋两岸再到太平洋两岸的历史大趋势，不得不为之叹服。的确，如果中国以往的成就更多的是以规模和数量引人注目的话，当下的关注则聚焦在了高精尖等前沿领域的赶超，很少再有人会把年产超过八亿吨钢当作自豪的资本了，尽管这一成就在人类历史上很可能是空前绝后的。我们看到，通过 863 计划、973 计划、国家科举支撑计划，以及在此基础上整合的国家重点研发计划等的实施，加上企业自主研发，中国在量子通信、超级计算机、聚合反应控制装备、激光、空间站、卫星导航、太阳能和风能利用、高端船舶制造、大型填海造陆装备、高铁技术、桥隧技术、网络共享平台、移动支付、特高压输电、高超声速风洞、深潜技术以及四代核电技术等，一大批尖端领域走进了世界的前列，还有像在大飞机制造、芯片制造、光刻机、运载火箭、纳米技术、生物工程、数控机床、机器人、人工智能、电动汽车以及以石墨烯为代表的新材料等诸多领域，紧跟着世界先进水平。可以说，从质量水平角度所衡量的全面赶超，不出意外的话只是个时间的问题，而且，从历史趋势和现实态势来看，时间不会太久。对一个历经百年耻辱通过几代人的不懈努力，热切期盼着重新证明自己的中国来说，已经清晰眺望到了一个新时代的曙光。

行文至此充满了乐观主义，似乎所发生的一切，都显得那么自然而然信手拈来，怎么可能会在历史剧烈变迁的风眼中存在阳春白雪般的流年，实在是令人诧异。在此声明，这种避开问题、矛盾、困难甚至冲突的叙述方式只不过是为了简便，绝非试图避实就虚遮掩真相。事实上，中国一路走来，不知踏遍了多少荆棘闯过了多少雷区，只是这些所存在的问题并没有随着经济的发展而消失，有的甚至变得更加尖锐了。但不管怎么说，中国在充满质疑的目光中走到了今天，现在再来讨论今后依然需要面对的这些问题，可能更有意义和价值。对已经看到新时代曙光的中国来说，天空中布满了乌云，真正到迎来阳光普照还不知要战胜多少挑战，闯过多少难关。对一个快速崛起的大国来说，尤其是这个大国在意识形态上与原有的强国之间存在着不小的差异，面临各种挑战是她无论如何摆脱不了的历史宿命，必须要做好充分的心理准备。

修昔底德陷阱[1]恐怕是讨论当前国际关系时使用频率最高的词汇之一了，在一定程度上，一些悲观的战略家们，已经绝不仅仅是从理论上去寻找跳出这个陷阱的路径了，而是在必然要爆发冲突的具象中筹划着各种应对。当然，这种极端的战争思维不仅有害，而且明显是不合时宜的。自从核武器进入到人类争斗的战场，拥核国家尤其是核大国之间再也没有爆发过直接战争，这是人们对失去理智不堪后果的一种忌惮，不管彼此之间内心抱有怎样的怨恨，谁也不会把对方逼到墙角，使其陷入玉石俱碎的疯狂。在核恐怖平衡的大背景下，由于核弹的爆炸当量早已超过了广岛原子弹千倍水平，因此，在军事上争夺优势的努力集中到了突防能力的强化和反导能力的提高上，一代代矛与盾的交替升级循环上演着魔高一尺道高一丈的恐怖幽默，谁都试图筑成让对方突破不了的天网，同时能够实施对对方的有效打击。一次次成功的试验每每提振着竞争者的信心，但令人沮丧的是，不管取得了多么大的进展，谁也不

1 修昔底德是古希腊著名历史学家，在其撰写的《伯罗奔尼撒战争史》中，记录了公元前 5 世纪初斯巴达与雅典之间的战争。他在谈到这场战争的起因时指出，使战争不可避免的真正原因是雅典势力的日益增长由此引起斯巴达人的恐惧，这一表述被概括为“修昔底德陷阱”。现被理解为新崛起的大国必然会挑战已存大国，而已存大国也必然会回应这种威胁，战争因此不可避免。

敢保证能够达到百分之百免受打击的威胁，正是这一点点小概率事件，可能意味着几百万甚至几千万人生命的丧失。除非是个疯子，会有哪个理性的决策者敢去冒这样的风险呢？说到底，在可以预料的未来，这终将是一场没有结果的游戏。好在，这一耗费巨大的比拼，对人类来说并不完全是毫无意义的资源浪费，其所推动的技术进步，在民用领域同样有着广阔的应用空间，互联网、激光、卫星导航、核能发电、深空探测甚至太阳能利用等大量的技术，不都是从军用转为民用等的成果吗？真可谓，有心栽花花不开，无心插柳柳成荫。既然如此，如何抉择呢？尤其是我们还不得不无可奈何地生活在同一个星球上，这就需要充分挖掘我们的智慧，寻找出一种共同受益的相处方式。

在当今世界格局中，中美关系无疑是最重要的国际关系，对中国来说尤为如此。尽管永远不称霸的口号喊了几十年，但随着各方面实力的快速增长，美国对中国的真实战略意图，实际上是越来越不放心，实力与霸权的恒等式，在西方的政治家那里是战略思维的基础之一，在这方面，历史的确提供了太多的教训。鲜活的例证并不久远，希特勒的野心所引发的世界性灾难，苏联时代咄咄逼人的扩张所造成的恐惧，无不历历在目。同样重要的是，非我族类其心必异这一总也不显得过时的观念，时不时搅动着自信理念正义信仰正统的运筹帷幄者们，再加上不同的意识形态，更使得对立冲突的战略底色彰显着逻辑必然。很显然，如果走不出这个逻辑怪圈，打不破这样的思维定式，未来道路必将充满着艰险。路是人走出来的，中国人是从来不缺乏智慧的，曾经多么深重的危难，都没有阻挡得了中华民族走向未来的步伐，只是面对全新的国际格局，如何以年轻主角的身份，与老主角美国合作演好一部新时代剧本，这不仅是对中国的又一次考验，也将深远地影响着全人类的未来。在中美之间所有需要重新梳理的事物中，第一重要的是要打开一个精神枷锁般的心结。

长期以来，中美之间即使在与苏联对抗中短暂的蜜月期里，未来可能甚至必将成为对手的心态，从来没有真正消除过，只不过出于对眼下利益的关切，超过了哪怕是由于意识形态不同在未来的冲突。真是无处不在印证着一句格言，没有永恒的朋友，也没有永恒的敌人，只有永恒的利益，帕麦斯顿一定在历史的某个角落，偷笑着人类怎么总也跳不出利益的藩篱。实际上，这种在心底里深怀敌意的心态，并不全是由利益冲突造成的，可能更多的是出于意识形态的对立。事实上，社会主义（其最高形态为共产主义）和资本主义都已度过了早年的幼稚期，那种互视对方为万恶之源或洪水猛兽而不共戴天的年代，渐渐成了历史回忆。在中国，曾经被误以为是资本主义独有的市场经济，早已如鱼得水生机勃勃，对经济奇迹的创造发挥了不可或缺的作用。而在美国呢，对穷人的救济政策及如何约束贪婪的资本等，不也常常是议会讨论的主题吗？同样是出于对收入分配差距加大的愤懑，美国左派思想的实际市场份额，并不一定低于在中国的表现，只不过由资本为主控制的主流媒体，当然不情愿自废武功去摇旗呐喊了。而相反，左派在中国的声名大不如前了，甚至在一定程度上，“左派”这个词汇成了对民粹主义者的别称，这还真不是谁有意识主导的结果，现实自有它的逻辑，对美好生活的追求始终是构建上层建筑的基础。从中美两国各自的发展实践来看，主义之争主要体现在了不同的治国理念上，且都取得了相当的成功，道路的不同不正是人类多元性具体的生动体现吗？所有自由、民主、法治等基本价值观，在两种制度中不都是核心理念吗？不就差了一点对权力合法性来源，或再加上对人权范畴理解的认同吗？这一点将在接下来的国内问题中详细讨论。是到了需要彻底打开这一心结，探寻打造人类命运共同体，殊途同归的时候了，否则，俄狄浦斯诅咒的悲剧，将始终是萦绕在两个大国心中的一场噩梦，遏制战略在经济层面的各种非理性冲突根本不在话下，了不起是造成一些杀敌一千自损八百的不必要损失，但可怕的是，军备竞赛的加剧，也会在新技术革命不断创造奇迹的今天卷土重来，人类的聪明才智以极其可笑的方式，把自身的命运再一次带到万劫不复的恐怖边缘。真是聪明反被聪明误啊！相信人们在真正看清了自我毁灭的前景时，会迷途知返的。

正像长期处于忧郁压抑心情下的人容易长肿瘤一样，不健康的氛围在国家之间憋出恶果也是常有的事。看来，中美两国之间的芥蒂，从本质上来说是一种互不信任的心态造成的。正因为如此，再加上零和博弈的传统思维时不时从中作怪，一方哪怕是出于好心所做的事情，往往在另一方那里得到的却是负面解读，无度的猜忌和经常性的误判，不知花费了智囊们多少心血，在不信任——猜忌和误判——更不信任的恶性循环中，加大着隔阂和矛盾。既然双方对各自所秉承的理念和治国的方略充满了自信，且都拥趸众多，完全应当以积极开放的心态，通过不留死角的交流，让彼此明晰对方的真实意图，对一些认识分歧做出合理的解释，不一定能够达成全部共识，至少可以减少猜忌和误判。如果真能做到这样，一个值得期待的局面将会是，中美两国在未来发展的共同诉求中，所存在的真实战略交集，远比在模糊不清的猜忌中所显现的要大得多。曾几何时，敌人的敌人就是朋友，凡是敌人反对的我们就要拥护，凡是敌人拥护的我们就要反对，所有这些非友即敌的思维逻辑，在大国的纵横捭阖中似乎屡试不爽，也因此留下了至今冲突遍布纷乱不堪的世界。实际上，真正的敌人，并不天生就一定是生活在不同地区，拥有着不同肤色的人，而是被灌输的与成长相伴的思想和观念，尤其是当这些对世界的不同认识，被利益裹挟后甚至衍生出了你死我活的仇恨，这也正是极端恐怖主义者滋生的温床。当我们认清了问题的根源，也就不难找到解开谜团的钥匙。

再拿中美关系来说吧，双方特别需要从心理上消除彼此的负面看法，当然要做到这一点并不容易，尤其美国的媒体主要是由私人资本控制，充满道德优越感的评论家们，对一切指手画脚是言论自由的体现，尽管常常夹杂着狭隘的偏见甚至是无知，但由于过去中国在消除被妖魔化方面的努力成效不佳，结果是威胁论、阴谋论、崩溃论等消极论点总是吸引着为数众多的眼球，扭曲着人们的认知并影响着政治家们的判断。不是常说一个巴掌拍不响吗？如果一时无法从根本上改变美国社会的主流观点，为什么不能从自身查找一下症结所在，寻求一些突破呢？思路决定出路。当积极健康的心态一旦确立，一切都将随之改变。经历了天翻地覆的中国，已经走近了世界舞台的中央，早已脱离了在大国对峙的阴影下谋发展的窘境，除非自身出现重大问题，没有什么力量能够击垮你。难道一个充满自信民心所向的大国，还需要靠塑造一个未来假想敌，来凝心聚力强化人民对中央政府的支持和拥护吗？在一个教育普及程度如此之高、信息获取渠道如此之广以及与世界连接如此之近的今天，对越来越多个性不断凸显、思考愈加独立的中国人来说，是非曲直的关键在于对事实的尊重，及其对背景解读的逻辑无瑕，力量来自于真实。毫无疑问，美国是一个非常伟大的国家，不仅是现代科技的主要发源地，同样在人类政治文明发展的实践中取得了非凡的成就，吸引着全世界各地的人们去学习、工作和生活，不管出于何种原因试图否定这样的现实，其结果往往是劳而无功适得其反。然而，对美国的这一高度评价，并不意味着放弃对其所存在问题的追究，毕竟历史是不会终结的，任何进步都是历史性的，尤其需要清醒地认识到，与工业文明相生相伴的资本主义还是其制度基础，所滋养的资本怪兽并没有得到彻底驯化，各种矛盾冲突此起彼伏，甚至波及全球的危机时有发生。由此看来，在经济跨越基础上正尝试着完成政治跨越的中国，完全有可能与美国携起手来，共同探索人类命运共同体未来的康庄大道，而不至于总是陷入与虎谋皮的阴谋论沼泽。积极善意的提醒和点拨，远胜于误解丛生于事无补的相互攻伐。

假如从这样一种积极自信的心态出发去营造中美关系，还有必要动辄针锋相对地去敏感地应对个别不负责任的奇谈怪论吗？当我们怀着同理心而不是幸灾乐祸的心态，去体味美国经常发生的猝不及防的天灾人祸时，两个伟大文明之间的距离，一定会不断地拉近的。令人遗憾的是，民族主义的偏狭狂热似乎更加迎合着释放曾经屈辱的心灵，充斥着各种媒体的经常是，又一项重大技术的突破让美国胆战心惊或至少是不那么自信了，标题党们动不动让这个慌了那个傻了过嘴瘾惹是非，且不说我们在众多尖端核心技术领域还存在着巨大的差距，“芯”脏病依然困扰着我们，就算是通过时间的积累能够实现赶超，这种意淫制敌的宣泄难道真能振奋民族精神吗？虚幻的自满更多的是像暴发户的炫耀，在让人不齿的同时反衬着底气不足。更值得反省的是，某些主流的电视台节目中，不知是为了收视率还是遵照旨意，经常播放一些专家讲评某种新式武器的列装，与美国对比时的优劣，再加上不少国内知名学者，涉及美国事物尤其是谈论美国总统时的出言不逊，或至少是缺乏必要的严谨，那些充分满足自尊的谈吐刺激着有心人的神经。作为一个曾经帮你打败了日本侵略者、消解了核讹诈、提供贷款修路并提供着巨大市场等的伙伴，美国的内心一定在为当初的养虎为患而追悔莫及，如果真是这样的前车之鉴成为后事之师，并作为战略预判基础的话，一场全面的遏制甚至是剿杀局面将不期而至。尽管中国并不惧怕任何的制裁、封锁或挑衅，但这难道是我们所期待的吗？这是真实应该发生的吗？一时的意气用事和不当举措，当然不至于造成灭顶之灾，但至少迟滞若干年民族伟大复兴的实现，则绝不是什么理性的选择。况且原本所有这一切并不是逻辑必然，而恰恰是对人类演进密码的误读。事实上，这正是打造软实力的一个重要内容，应当努力在中美之间营造出真实、客观、释放着善意的舆论环境，作为具有全球影响力的大国，不仅致力于维护自身的核心利益和安全环境，同时为世界提供更多的公共产品。一切都是时间的函数，积极的心态和努力，终会摘掉涂满敌意的有色眼镜，正所谓路遥知马力，日久见人心。

在以上中美关系为主轴的国际环境探讨中，已在多处涉及了中国的内部事物，这可能是一个大国特有的麻烦，即国内事务的国际化。早年感受美国霸权最典型的一件事，就是 1996 年克林顿签署的赫尔姆斯－伯顿法案，一项国内立法影响到了世界上那么多的企业和机构，后来看多了华尔街的大佬们的一举一动，都引领着全球投资的走向，尤其是美联储的利率政策变动，不知牵动着多少国家政府的神经。造化弄人，不知从什么时候开始，对中国问题的关注，从以学术和历史研究为主，逐渐转变成为与各国未来发展密切相关的议题了，甚至在一定程度上可以说，今天的中国问题就是世界问题。换句话说，中国今天所存在的问题及其解决方案和途径，不仅是中国人自己的事情，而且在世界上具有普遍的意义。之所以会这样，并不仅仅是由于体量的庞大，而是因为高高在上的西方发达国家让人望尘莫及，且一些落后国家按西方模式邯郸学步跌跌撞撞问题成堆，似乎还有不少国家掉进中等收入陷阱难以自拔，中国模式的最终命运，当然就成了普遍的共同关注。无论从哪个角度来看，都有必要把这些问题研究透彻，这不仅是一个责任和道德的问题，实际上也是对学术界一直存在着的激烈争论，提供一个观察问题的新视角。

从大的方面来说，中国目前所存在的问题可归结为四大类，即环境恶化、政治改革滞后、收入差距悬殊和腐败。先谈环境问题。从世界现代化的进程来看，环境污染与发展阶段具有很强的关联性，在工业化的早期阶段，几乎所有国家都走了一条先污染后治理的道路。狄更斯笔下的泰晤士河是这样的，一个人掉进河里通常不是淹死的，而是被熏死的。伦敦被称为雾都好像近年来才被人们渐渐淡忘，但伦敦还是在环境保护史上留下了经典的教案。在 1952 年 12 月 5 日至 9 日发生的伦敦烟雾事件中，先后直接和间接致死一万多人，这是1956年在全国通过清洁空气法案的直接动因。在美国是什么情况呢？有一个说法，20世纪30年代生活在匹兹堡钢城的孩子，甚至从来没有看到过太阳的模样，尽管听起来有些夸张，但也在一定程度上反映着当时的空气污染程度。1966年11月24日，纽约从感恩节开始连续一个星期被雾霾笼罩并直接导致169人死亡。如果对于半个多世纪前所发生的事情，可能会把污染归因于早期人们环保意识的淡漠，那么，谁又能想象到的是，一直到20世纪70年代后期，莱茵河水还是有毒的，铬、铜、镍、锌等金属离子依然严重超标，真正得到彻底治理又是十多年后的事情了，离现在也仅仅不过三十年的时间。可以说，经济的外部性，被贪婪追逐利润的资本疯狂地钻尽了空子。显然，中国并没有幸运地成为例外，毫无悬念的惨痛经历是，雾霾蔽日、河水腐臭甚至水源污染等一度严重的环境污染，使GDP导向的政策备受指责，甚至把带血的GDP视为罪恶的资本主义。同样不出例外的是，在付出了沉重的代价后，中国政府痛下狠手治理污染并取得了初步的成效，蓝天越来越多地出现在了城市的上空，河水在逐渐变清，和发达国家一样，对环境的珍惜，是付出了高昂的代价后，学会了与自然的和谐。只不过，还需要一定的忍耐，要彻底还清环境欠债，还真做不到一蹴而就。

至于今天事实上存在的收入分配的悬殊差距，显然不是改革的总设计师小平同志的初衷，让一部分人先富起来，先富带后富最终实现共同富裕的构想，怎么看这一完美的蓝图都只完成了一半。当然，中国已经取得了人类历史上最为辉煌的减贫成就，并确定通过精准扶贫等一系列举措，在 2020 年彻底消除贫困，实现全面小康社会的宏伟目标。毫无疑问，这项伟大的人类工程对缩小收入差距悬殊的不合理现象将起巨大的作用，在本文后续的下卷部分，将更多地涉及这一问题，这里不多赘述。另一个问题就是腐败。的确，腐败蔓延的程度，曾严重到使人们脑海中，浮现出了 1949 年国民党在大陆败亡前，所陷入的亡党还是亡国的困境，甚至让一些人，对中国改革开放以来所取得巨大经济成就的正当性，产生了某种质疑。面对看似难解的困局，经受过无数次严峻考验的中国共产党，再一次显示出了勇气和担当，以刮骨疗毒断臂求生的决心和魄力，使愈演愈烈冥顽难除的腐败得到了有效遏制，且政风环境渐趋清明。当然，对腐败治理所取得的决定性初步成果，离从根源上彻底铲除腐败的土壤，真正实现风清气正的朗朗乾坤，还有很长的路要走，但对一个怀有远大理想不忘初心的政党，和饱经苦难决不向命运屈服的人民，应当抱有充分的信心，让我们拭目以待吧。

接下来就要触碰那个极为敏感、容易惹来麻烦，并因此不少国内学者宁肯选择回避的问题了，那就是政治改革滞后的悬案。为什么一定要去冒这个险呢？没办法，如果一定要想把事情讲清楚，这是一个不容遗漏，而且无论如何也回避不了的问题。在这里并不准备简单的站队去为某一种观点背书，而是尝试着站在五十年或者一百年后人们的视角，来解读这一波涛汹涌精彩纷呈的历史片段。说白了，所谓政治改革滞后，是指中国并没有按照西方的愿望，在完成了市场经济制度改革的基础上，从政治上转型到西方的民主政治制度，只进行了经济改革而没有进行政治改革，一人一票的直接选举更是遥遥无期。在西方政治家的常识中，这样的一党专制，不仅人权、自由等基本价值得不到充分保障，而且在亨廷顿的论证中，比民主体制更难以避免发动战争。在所有对中国未来的推演中，美国经济学家沃森《对后来者的诅咒》中的论点，的确引发了对后发劣势的热吵和担忧。简单地说，后发劣势所论述的是，落后国家对先进国家的模仿有两种形式，即技术模仿和制度模仿，如果仅通过相对容易的技术模仿使经济实现快速发展，而不进行制度模仿，虽然短期内会取得成效，但留下的许多隐患，必将使长期发展遇到瓶颈，最终走向失败。这一结论无疑像一片乌云，笼罩在中国未来发展的道路上，苏联作为生动的例证，更让制度经济学家们坚信，这是历史的必然。出人意料的是，当这场辩论过去了近二十年后，中国似乎并没有出现诅咒中的结局，甚至连一点迹象都没有，反而是越来越多的西方学者，开始认真思考中国模式的深层逻辑，及其对人类未来发展的启示了。到底是哪儿出错了呢？总不至于没有按照理论剧本上演的现实错了吧？从本质上来说，理论就是对事实的描述和提炼，实践是理论的老师。如果说是大剧还没演完，时间还不够长，现在下结论为时尚早的话，倒是一个可以接受的理由。看来，有些问题一定是需要时间的沉淀才能看清楚的。

必须客观实事求是地认识到，西方的民主政治制度，是几千年人类文明发展的宝贵财富，是人类告别野蛮时代走进现代文明的重要标志，也是西方成为发达资本主义社会的重要制度基础。有了这样的基本认知，接下来的问题就显得格外重要了，这是人类发展的必由之路或不可跨越的阶段吗？之后的政治发展将会如何演进？如果这是必由之路，那么是否存在转型的适当条件和时机？或者说不计代价和后果的模仿是可取的吗？这些问题，可能在一百年后会更加清晰地看到答案，但在今天求解可并不是为了丰富理论的发展，而是具有着重大的现实意义。先来分析中国为什么不采取一人一票直接普选制度的原因吧。这一点可以说是西方政治家们对中国政治制度诟病的焦点，因为在西方现代政治理念那里，选票被作为人民的同意代表了统治的合法性。看来，仅用存在即合理的名言去应对，根本解决不了问题，还必须从历史的大视野中寻找答案。毫无疑问，民主真是个好东西，但发展至今的西方民主制度，经历了相当长时期的演进，如果把 1215 年英国的《大宪章》，作为现代民主政治起点的话，已经走过八百年了。至于在漫长的民主发展历程中，反反复复的坎坷曲折不在这里过多赘述，仅从享有选民资格的范围扩展轨迹来看，便能领悟其中的要件。稍微回顾一下历史就会清晰地发现，民主权利是沿着社会地位，从上到下逐级扩散的。1920 年美国妇女经过七十多年的斗争，终于获得了选举权，而英国妇女拥有同样的权利要到 1928 年，直到 1965 年，美国黑人才真正可以投票表达诉求了。每次权利范围的扩大不仅是斗争的结果，而且基本适应着相应的经济发展阶段，也都花费了足够的时间去消化民主政治参与扩大所带来的不适，这对早期内生型民主发展的国家，不得不说是一种幸运。而对输入型民主国家来说则远没有这么幸运了，除了日本和韩国等极少数背景情况特殊的国家之外，大多数国家的实践，又有几个能作为成功的典范来分享呢？当今世界的联系如此紧密，任何国家的内部事物，很少有不受到大国博弈的影响，一下子套用经历几百年演进的成熟做法，不仅欲速不达，其结果往往是社会系统失序，甚至崩溃而乱象丛生，好东西如果不合时宜地放错了地方，就不一定再是好东西了。

值得玩味的是，坚信民主化是世界潮流的亨廷顿早就清醒地看到了这一点，其对社会转型分析的部分内容可谓异曲同工。20 世纪 60 年代后期，他在颇有影响的《变动社会中的政治秩序》中写道："可以公允地下一个结论说，一个传统的政治体制，其结构越是多元化，权力越是分散，则其政治现代化引起的动乱就越小，适应政治参与的扩大也就越容易。这些条件使一个现代化的参与体制的出现成为可能。这种体制更可能是民主的而不是集权的。那种以社会等级森严、社会流动性很小为特征的松散的或封建的传统制度更容易产生现代民主政体，而那种高度集权的、较为专业化的、平等的、开放式的、流动性强的传统官僚体制，反而难以做到这点，尽管这种现象颇令人费解，但却是事实。20 世纪的亚洲和非洲再现了 17、18 世纪的欧洲历史。那些在政治参与扩大之前最接近现代化的传统制度，最难于应付政治参与扩大所带来的后果。"[1] 且不无精

1 塞缪尔·P·亨廷顿，《变动社会中的政治秩序》P169，生活•读书•新知三联书店，1989 年 7 月第一版。

彩地提醒道，“对一个传统社会的稳定来说，构成主要威胁的，并非来自外国军队的侵略，而是来自外国观念的侵入，印刷品和言论比军队和坦克推进得更快、更深入。”[1]南美国家 20 世纪的民主化进程，不断上演着兑现不了诺言的政府被军人推下台，在民主呼声下再来一个新面孔，重复着上一届的悲剧，让我们充分领略了社会动荡与中等收入陷阱的相伏相生。而在非洲，曾被作为样板的科特迪瓦，闪亮登场与转瞬失色的蒙太奇切换，甚至没给推崇者足够的时间进行适应，在政治斗争激化的南北冲突中，族群概念成了获取权力的万能工具。“阿拉伯之春”又是一番什么景象呢？借用张维为教授的说法，我们看到的是暴力冲突频发的“阿拉伯之冬”。对此有兴趣深入了解的读者，可以查阅一下“二战”后掀起的世界民主化浪潮，比比皆是的动荡和混乱及其所造成的经济恶果，如果可被算作无法免除的入门费的话，那对克罗地亚与塞尔维亚之间种族仇杀中的无数冤魂来说，这张门票还有什么意义呢？当然，天下没有免费的午餐，没有什么事情是不需要付出成本的，任何的社会变革，都免不了过程中的部分群体牺牲利益甚至生命，但必须换来真正的社会进步，而不是仅仅贴上一张标

1　同上 P141。

签。即便如此，对于那些能够完全掌控自身命运，且具有远大目光的当局者来说，代价、风险和时机的研判，甚至另辟蹊径的尝试，都会纳入殚精竭虑折冲樽俎的盘算。难怪历史经常表现得令人费解，研读历史很难达到情景再现，龌龊自私的动机与神圣崇高的理想，其外在结果有时并没有多大区别，这也正是历史的迷人之处，因此，抱着一种开放和宽容的心态，注视着人类驶向未来的航程，或许是消除偏见和误解，并进而避免伤害和灾难的聪明之举。

有了以上的分析，再来解读中国的政治制度选择，一下子就变得简单了。从秦始皇统一六国建立中央集权统治以后，中国的基本国家形态就确立了，疆土分裂改朝换代，是对昏庸腐朽统治者的报应和惩罚，而天下一统四海归一，几乎是每一代英明君主的追求和使命。在两千多年分分合合、分少合多的岁月里，维持帝国统一的能力，成了判别一个朝代兴衰的重要标志，海内清平也渐渐成了老百姓的普遍渴求。毫无疑问的是，对中国共产党来说，维护国家统一、领土完整和社会稳定是高于一切的原则。而实际上，这一古老的政治传统，不仅是一种使命和责任，更为现代经济发展提供了足够大的规模空间。有了这样的基本前提，再加上经济奇迹证明的制度效率，任何有可能造成分裂的观点和主张，当然就显得不合时宜了。然而，并非所有人都接受这样一种逻辑和共识，除了西方民主卫道士的不以为然，就连国内那些笃信普世价值的持不同政见者，也把防止国家分裂看作不过是执政者贪恋权力抱残守缺的借口罢了，甚至一种极端的观点认为，哪怕真的会出现分裂也比一党专政好，因为那是人民自己的选择。哈哈，这可真是一场开不起的赌局，怎么可能把十几亿人的命运，抛向一个根本无法确定的未来？看看身边刚刚发生不久的现实吧，还没用上多党竞争，民主化思潮中的公开性和新思维，就把苏联搞得四分五裂。不管这种结果对历史来说是倒退还是进步，但对中国来说，这是任何情况下都不允许出现的局面，再有吸引力的愿景，也不会把国家分裂作为筹码。这么说吧，其实对中国的老百姓来说，谁能保持国家统一、领土完整和社会稳定，且使人们的生活不断改善，谁就拥有了执政的合法性基础。

在一个大国解体后的各种乱象中，有两个直接后果最为显著，那就是种族冲突和经济失衡。南斯拉夫尽管不是大国，但克罗地亚和塞尔维亚人之间的种族仇杀，还是震惊了世界。苏联的垮塌并没有避免这种宿命，车臣战争、格鲁吉亚冲突以及乌克兰危机等，不都是鲜明的例证吗？俄罗斯前代总理叶·季·盖达尔，在《帝国的消亡》一书中谈到这一问题时写道：“帝国灭亡之际，宗主国的代表有时候会成为被歧视的少数民族。他们希望在帝国瓦解后出现的哪个国家实体中生活？对于这些问题，民族自决权的概念并未给出答案。这也可以理解。该概念并不是为了解决与多民族帝国瓦解相关的问题，而是作为可以安放到这些帝国基座下的炸弹而创造出来的。在后来的社会主义革命前景中会出现什么情况，对于概念的创立者并不太重要。帝国瓦解时这些问题变得具体起来，往往还沾满鲜血。以争取民族独立和推翻帝国为己任的各种运动，往往将利用对先前处于优势地位的民族的反感作为其政治思想的基础。这并非那种对属于特权民族的人玩弄权术的政治结构。新独立的国家中先前代表宗主国的少数人对激进民族主义思想的支持也大多可以用这一点进行解释。”[1] 看来，人们并不是认识不到鲜血染红的事实逻辑，只不过有时会遗忘或选择性遗忘。如果必将发生的种族屠杀是某种选择的直接后果，那么，那些不为一切所动仍坚持这一选择的人的道德，一定是值得怀疑的，可能只会有一种情况能被当作例外，即他本人知道自己也将死于这场屠杀。而那些作壁上观者，在对这些问题思考和下结论的时候，最好把双手放在胸口上。

1 叶·季·盖达尔，《帝国的消亡——当代俄罗斯应从中汲取的教训》P33-34，社会科学文献出版社，2013 年 1 月第二版。

经济结构失衡作为国家解体的必然后果是显而易见的。一个国家的产业布局是根据人口、矿藏、气候、河流、地理、地貌、边界以及海岸线等多种因素的考虑，尤其是一个大国，巨大国土空间的地理差异，自然形成了不同产业发展的区域优势，一旦发生了国家分裂，原属一国之内的产业分布就成了国家之间的独立存在了。如果新建立的国家间关系融洽，还不至于造成严重的影响，但这种情况即使存在也并不容易保持。往往最可能出现的情况是，外部势力决不会袖手旁观的，这些刚刚独立的国家，马上就会成为大国博弈中地缘政治的角斗场。实际上，在经常出现的剧情中，大国的身影早就若隐若现于分裂的过程中了。这样一来，就算原有的经济联系能够保持，成本和摩擦加大也是必然的。而如果关系破裂的话，相互制裁甚至封锁，就会对经济造成巨大的伤害，失衡的经济结构会像缺臂少腿的残疾人一样，让国家站立不稳。俄乌之间至今仍在上演的争斗，简直就是这一因果逻辑见证的实况转播。更可怕的是，俄罗斯不少尖端军事工业的配套需要乌克兰，恶化的两国关系使俄罗斯备感煎熬，不得不在捉襟见肘的财政中拿出巨资，去重建一些由于国家分裂所失去的大国重器。好在乌克兰在权衡国家局势后主动选择放弃了核武器，否则，家门口就蹲着一个潜在的毁灭者。这是多么可怕的一种后果。

现实总是要比理论更具有说服力，不管俄罗斯人面对过去的一切发出怎样的感慨，历史不会再给任何机会复盘以改正理论误读的结果。从这样的视角回望历史，中国是多么的幸运啊！不管是出于路径依赖，也不管是来自于历史的继承，还是现实约束下的理性选择，中国共产党在当今中国的执政地位，是一个富于理性逻辑、经得起推敲的客观存在。1921 年中国共产党成立时只有 57 人，今天已发展到 8900 多万党员，占全国人口的比例达到了 6.5%，超过欧洲除俄罗斯以外任何一个国家的人口，就是在全世界 199 个国家和地区中，按人口排名也排到了第十六位，可以说是人类历史上的政治奇观。如此巨大的规模本身，也许已经有力地回答了许多质疑和指责，尤为重要的一点是，她不是一个疏散型组织，与国外政党主要以投票给谁划分党别，有着本质的不同，加入党组织是要符合相当严格的条件，且要经过一定的程序和考察，对一个党员的要求，远远超过了一般普通公民，违反组织纪律的党员，会受到包括开除在内的各种处理，构成犯罪的在党内处理的基础上，再交由司法机关进行审判。另外需要特别强调的一点是，与西方国家政党运作的一个显著区别且独具中国特色的是，她的各级组织，有序建立在整个国家的各个层面，实际上主导着政府、企业和社会组织等的方方面面，这样的政治结构不仅具有高效的动员能力，且不无惊奇地熏陶出了在中国人人关心政治的特殊国情。在西方国家，一般普通人离政治很远，比如说在美国吧，除了华裔以外，普通老百姓了解中国领导人的比例可能很难超过 1%，而能说出三个以上中国城市名字的人更是寥寥无几，然而在中国，那可是绝大多数的人都在关心着美国的大选结果，北京的哥谈政治甚至谈出了口碑，别管你是大企业家，还是快递小哥，胸怀天下是中国人的普遍情怀，蕴藏了社会主义的天然基因。正是基于这样的一种政治氛围，在网络时代自媒体无处不在的环境中，除了风花雪月街头八卦外，人们以各种方式评论着那些让自己满意或厌恶的事情，针砭时政是家常便饭，其中不乏引起共同关注并推动了社会正义的实现。这样的政治参与方式，在完全没有意义为政党更替而进行直接选举的背景下，很可能是一种扩大民主政治参与的有效途径，以使天下兴亡匹夫有责的自勉训条真正成为政治现实。

在具体细节上纠缠太久，可能会淡忘了问题的由来，毕竟，中国的道路选择及其未来前景，深远地影响着人类的共同命运。从认识论的角度出发，人类的一切事物都是历史性的，政治制度的确立当然不会成为例外，同样是趋势演进与相机抉择共同作用下的历史性产物。既然是历史性的，那么，与当时没有任何瓜葛的后世的眼光一定会更加客观。我们常常看到的是，伟大的时代可并不一定都是人人愿意生活在其中的时代，秦始皇、汉武帝连年征战搞得百姓困苦不堪，但当时的苦难让后代们尽享着帝国的荣光。法国大革命的血雨腥风搞的贵族知识分子人人自危，今天则被视为法国走进现代的血的洗礼。当然，这里无意用历史性的障眼法回避现实中的客观尺度，只是作为一个提醒，以避免在对具体事物评价时，陷入手段与目的的混淆以及趋势与时机的误判。说到底，民主、法治、普选制度、权力制衡、资本主义以及社会主义等都不过是手段，而不是目的。民主毫无疑问是人类在追求正义和幸福的道路上，找到的重要且有效的手段和途径，但民主的具体实现形式，也并不一定非得是一人一票的直接选举。谈到这里，不禁油然而生一阵深深的感动，美国人特别应该感谢乔治·华盛顿，他在众望所归有资格享有特权的背景下，丝毫不受权力的诱惑，毫不犹豫地选择了民主，开创了美国民主的先河，同时为人类的民主之路树立了不朽的丰碑，这样的壮举不知为美国赢得了多么大的先机。美国真像是一片被上帝保佑的土地，当民主机制遇到问题的时候，亚伯拉罕·林肯正逢其时地登场了。惨烈的南北战争发生在了民主国家内部，无论怎么看北方都有点蛮不讲理，为什么要那么霸道，一点也不尊重南方各州的民意呢？看来，民主制度并没有让人们追逐利益的行为更加温柔，战争也不会在大家的投票中化于无形。不管南北战争中的人们遭受了多么大的苦难，伤亡了无论多少的士兵和平民，这场内战在历史学家眼中，反倒成了美国现代化的起点，林肯在美国人心目中的地位，一点也不比华盛顿逊色。这一点都不奇怪，林肯的战争暴力选择避免了美国的分裂，没有一个统一的国家，怎么可能会有今天的雄霸天下，这样的丰功伟绩，无论在哪里都会被世代传颂的。历史的大趋势决不会随任何人的意志而改变，但伟人们却能在重大的历史关头拨动时钟，改变历史的进程。

任何制度设计都不是，也不可能会是完美的。在人们相互依存共同体的多维价值坐标中，不同维度之间存在着相互制约和交互作用，比如改革与稳定、效率与公平、自由与秩序以及民主与集中等，毫无疑问，造成无数两难选择的差异性和多元化，既为这个世界带来了丰富多彩，也给人类生活添加了无穷无尽的冲突与妥协、对立与合作以及敌视与和解等内容。对当代的领导者们来说，如何能够在一个错综复杂、矛盾交织且变化迅速的社会中，适时地把握好维度间张力耦合的度，进而通过灵活的修正机制保持制度弹性，是实现制度有效运转并不断完善的关键。这样的表述过于抽象了，简单地说，如果在战略层面顶层制度设计上突出了某一方面，在运行的战术层面上，就一定要注重防范过犹不及。任何事物都有度的规定性，或者说都有两面性，就像人们吃的药绝大多数都有副作用一样，超过了一定的度就会走向反面。还有更需要警惕的麻烦是，任何充满活力的事物都有自我强化的倾向。关于这一点，不知道中国的传统智慧中庸之道，是否正是为解决这个难题开的良方。具体来说，美国的两党制是经过两百多年演进，实现民主的有效方式，对其成长为世界最发达国家，发挥了重要的基础性作用，但同时不可避免地积累着各种问题，马克·吐温笔下早年竞选州长中的扒黑，还真未必是什么坏事，可怕的是，存在于民主母体中种种缺陷的不断膨胀和强化，的确对制度本身构成了挑战。比如，原本在野党就像一面镜子，时刻让权力的阴影曝光，但当政党被利益俘获，党派攻伐相互掣肘所导致的效率低下，却一再让人们发出无奈的感伤；再者，碎片化诉求甚至极端化倾向造成的族群分裂，也让曾经美好的过去，横生出无尽的烦恼和麻烦，要知道，今天的人们早已摆脱了物质的束缚，五花八门的个性张扬，从异类成了不得不认真对待的一股股力量；当然了，什么时候都少不了钱来撑场面，难以约束的资本，越来越成为影响甚至操纵选举结果的因素，最终揭晓的底牌，究竟体现的是人民的同意，还是能驱使魔鬼的力量，还真的是难以定论。还有一个大麻烦是，政党更替毫无悬念所带来的政策改变，就像翻烧饼一样，使前任的努力顿时化为乌有，时间和金钱的损失自不必说，近百年努力打造的形象和信誉被动摇的后果，却是难以想象的。就连福山都痛惜美国的现行体制正在对自身造成伤害，难道不该深刻反省一下并动点手术吗？早期工业文明基础上的制度设计，到了后工业时代，真是应该吸收一些新东西与时俱进了。

那么，中国应该怎么思考这个问题呢？很简单，正好与美国的问题相反，那就是从集中体制内存的缺陷入手，如何充分有效地发挥民主的优势，通过各种方式和途径，对这些缺陷可能产生的后果加以限制和克服。对中国来说，根本无须把时间和精力浪费在逻辑分析上了，并不久远的惨痛历史教训历历在目，“文化大革命”发生的自残和灾难，令人不堪回首，想必是集中体制走向极端，所可能造成各种恶果的全景展示了。如何避免这一悲剧的重演，彻底铲除有可能引发类似恶行的土壤，恰与此处要解读的问题和答案相吻合。首先是法治。这一点也是民主的必然结果，其意义和作用早已成为共识，这里不做多述。但有必要强调的是，加大宪法的行动力和可操作性，让宪法真正成为高于所有实体法和程序法的首要准则，一切权力部门的违宪行为，都将承担重大的责任和后果，对于切实保障公民权利有着格外重要的意义。用宪法捍卫自己的权利，要比盼来一个清官不徇私情或沉冤昭雪实在得多。行动力极强的美国宪法，在保障公民权利及防止出现各种极端倾向上发挥着重要作用，当然了，学习和借鉴的一个前提是，认真修订必将发挥最高效力的宪法。其次，尽可能增加透明度。除了确需保密的内容之外，让公民依法、依规以及依程享有充分的知情权非常重要，阳光是最好的防腐剂。实际上，有效发挥民主功能的一个基础条件就是过程的透明和可知性，包括干部的选拔和任用，这也是民主权利的具体体现。不管是从实践层面，还是从历史角度来看，任何制度选择优劣好坏的一个重要评判依据，是看它能否机制性产生优秀胜任的领导者。再次，有效问责。在这里，有效问责的关键是，一切责任和后果承担，一定要落实到具体的人。在现实中，效能衰减和政策棚架并不是个别现象，对政策的恶意曲解和选择性执行也不在少数，所有这一切，都极大地侵害着党和政府的威信。更有别有用心的机会主义者，甚至不惜以制造个人崇拜来讨取欢心谋取私利，严重污染了国家的政治环境，这般恶习如果在经受过“文革”洗礼的今天还能大行其道，其结果必然是使后人而复哀后人也。归根到底，任何组织和机构的行为，都是由负有责任的个人具体实施的，任何人必须对自己的行为依法依规负责，是避免出现不作为、懒政、恶政甚至暴政的关键。另外，有效监督。纪检、监察和审计等体系内监督能够长期有效的前提是，使监督者同时也是被监督者。因为监督已经转化成了权力，不受监督的权力一定会成为寻租的市场。因此，舆论监督还是必不可少的补充。最后，但并不是最不重要的是广开言路，鼓励人们讲真话。一个充满自信的执政党，最应该听到的是各种不同的声音。不管历史上曾经犯过什么错误，走过哪些弯路，但是，经过不断的自我修正和自我净化，是她带领中国不仅摆脱了屈辱的历史，而且创造了举世瞩目的经济奇迹。中国共产党今天无可争辩的执政地位，无论在合法性、合理性、正当性、必要性及认同度等各方面，都经得起任何挑剔，没有什么需要遮遮掩掩，完全可以光明正大地面对一切。尤其在信息高度发达的网络时代，每年出国旅游的人数都超过了一亿二千万，还有什么言论能被真正管制的了呢？当然，文责必须要自负，对那些散布谣言、传播色情暴力和蓄意歪曲历史抹黑领袖等犯罪行为，要依法严厉打击，但对那些讲事实说真话的应该鼓励和保护。这并不仅仅是言论自由的体现，更是民主的有效实现形式。而且，这不也是一处统一战线的战场吗？事实越辩越清，道理越辩越明。一个政权如果真的能被骂倒，毫不客气地说，那它是本来就该倒了。

以上所涉及的建设性话题，现实中都在积极推进，有些方面已取得了相当成效，当然，无论怎样的现实，总会为各种不满和指责留下各种话题。在这里专门拿出来讨论，意在开启一个议题，在经济上实现了跨越式发展的中国，难道不能完成政治上的跨越吗？对此应该抱有信心，不管还会出现什么曲折和反复，历史向前的脚步是不会停止的。

下卷

跨越卡夫丁峡谷，中国准备好了吗

这个世界会一天天变得更好吗？原来以为这是个再简单不过的问题，但随着知识面的不断扩大，思考的逐步深化，反而越来越觉得，这还真不是那么容易回答的问题了。究竟是什么发生了改变了呢？史实并不会改变，但理解则有可能全然不同。比如说，一直被认为是人类突破性进步的农业革命，在以色列历史学家尤瓦尔·赫拉利的眼中，竟然是历史上最大一桩骗局。千万别惊讶，当你看完解读后，还真不觉得是在矫情。在《人类简史》中他是这样说的："农业革命所带来非但不是轻松生活的新时代，反而让农民过着比采集者更辛苦、更不满足的生活。狩猎采集者的生活其实更为丰富多变，也比较少会碰上饥饿和疾病的威胁。确实，农业革命让人类的食物总量增加，但量的增加并不代表吃得更好、过得更悠闲，反而只是造成人口爆炸，而且产生一群养尊处优、娇生惯养的精英分子。普遍来说，农民的工作要比采集者更辛苦，而且到头来的饮食还要更糟。农业革命可说是史上最大的一桩骗局。”[1] 对于技术进步给人类带来的便利，也同样有着不同的看法，就拿今天人们方便使用的电子邮件来说，他认为：“在传统信件的时代，我们通常只有最重要、不得不联络的事才会写信。写起信来也不是想写什么就写什么，而是字斟句酌、考虑再三。而且，通常对方的回信也会同样慎重。对大多数人来说，每个月来来去去的信顶多就是几封，也不会有人急于立刻回复。但在今天，我每天都会收到几十封电子邮件，而且所有人都希望你立刻响应。我们以为自己省下了时间；然而，我们其实是把生活的步调加速成过去的十倍快，于是我们整天忙忙碌碌、焦躁不安。”[2]从中我们看到的是，“人类一心追求更轻松的生活，于是释放出一股巨大的力量，改变了世界的面貌，但结果并没有任何人料想得到，甚至也不是任何人所乐见的。”[3] 对此，赫拉利总结到：“为什么人类会犯下如此致命的误判？其实人类在历史上一直不断重蹈覆辙，道理都相同：因为我们无法真正了解各种决定最后的结果。”[4] 难道这不是事实吗？

---

1 尤瓦尔·赫拉利，《人类简史—从动物到上帝》P79，中信出版社，2014年11月第一版。

2 同上 P87。

3 同上 P88。

4 同上 P86。

如果赫拉利所显示的悲观情绪，不过是来自对人类会更辛苦、更烦恼的预判的话，那么在王东岳的《物演通论》中所揭示的递弱代偿原理，才真是让人有一种末日穷途的感觉。他用一套既独特又艰涩的语言体系，逻辑缜密地推演出，世间万物，愈原始愈简单的物类其生存度愈高，后衍物类的生存度总是呈现递减态势，愈是后衍的物类生存度愈低，一代比一代弱，于是，要想生存下去，就得不断地寻找更多的支持因素，这些支持因素就是代偿。代偿的要素越多，支撑的体系越庞大，生存度就越脆弱。细想一下还真是这么回事，作为高度进化的结果，人们已经几乎不可能脱离社会体系的支撑而独立生存了。就拿我们早已习以为常的现代城市生活来说吧，如果出现停电会是一种什么情况？临时性短暂停电，了不起是乘不了电梯、做不了饭、开不了空调、看不了电视或用不了网络和电脑等一时性不便，要是持续一周甚至几个月呢？肯定是一场灾难。人们可能会说，这怎么可能会发生呢？当然不是没有一点可能，且不说可能会发生意外重大事故了，石墨炸弹不正是专为摧毁敌人的电力设施而设计的吗？这里借用一句李宁品牌的广告词，“一切皆有可能”。王东岳更是把这种情形比喻为累卵之危，“每一个条件就像是一枚鸡卵，你需要的生存条件越多，相当于把众多鸡卵垒得越高，你置身于那高高叠起的累卵之上，心里岂能不疑惧忐忑！倘或其中的某一个必须条件突然崩溃，就像那叠罗汉似的某一鸡卵骤然碎裂，你的整个生存基础不免立刻轰然坍塌。”[1]

必须承认，不管是赫拉利描述的事实，还是王东岳推演的逻辑，都在一定程度上不无悲催地反映着现实。问题到底出在了什么地方呢？人类对于挣脱这一魔咒般的未来命运，难道真的是无能为力吗？实际上，在他们两位洋洋洒洒的皇皇巨著中，都把人类永不满足的欲望和难以改变的自私，作为了分析推理的前提。的确，我们聪明的先辈早就看到了自身的局限，发出了“人为财死、鸟为食亡”和“朱门酒肉臭、路有冻死骨”的悲鸣感慨，用这两句经典来描写当今社会的许多现象，倒真是一点也不显得过时，这也正是不少颇有见地的学者们，对未来忧心忡忡的主要原因吧。如果这样的逻辑链条不能被打破，人类的命运还真值得担忧。不是吗？幸运的是，对于如何炸开这条锁链，人类已经有了答案，那就是人间大爱！爱是一切的答案。爱因斯坦在给女儿 Lieserl 的一封信中深情地写道：“有一种无穷无尽的能量源，迄今为止科学都没有对它找到一个合理的解释。这是一种生命力，包含并统领所有其他的一

1　王东岳，《知鱼之乐》P30，中信出版集团，2015 年 12 月第一版。

切。而且在任何宇宙的运行现象之后，甚至还没有被我们定义。这种生命力叫‘爱’。爱是光，爱能够启示那些给予并得到它的人。爱是地心引力，因为爱能让人们互相吸引。爱是能量，因为爱产生我们最好的东西，而且爱允许人类不用去消除看不见的自私。爱能掩盖，爱能揭露。因为爱，我们才活着。因为爱，我们死去。爱是上帝，上帝就是爱。如果我们想要自己的物种得以存活，如果我们发现了生命的意义，如果我们想拯救这个世界和每一个居住在世界上的生灵，爱是唯一的答案。当我们学会给予和接受这种宇宙能量的时候，亲爱的 Lieserl，我们就得承认爱能降服一切，爱超越每一个存在和任何存在，因为爱就是生命的精髓。”这是多么地振聋发聩啊，真是醍醐灌顶茅塞顿开。其实，人绝不仅仅是为自己活着，这一点还可从爱因斯坦在《我的信仰》一文对人生意义的思考中获得启发，人是为别人而生存的——首先是为那样一些人，他们的喜悦和健康关系着我们自己的全部幸福；然后是为许多我们所不认识的人，他们的命运通过同情的纽带同我们密切结合在一起。照亮我的道路，并且不断地给我新的勇气去愉快地正视生活的理想，是善、美和真。

有了爱的指引，人类应该完全有理由相信，这个世界会一天天变得更加美好。但是人们常说的一句话，“理想很丰满、现实很骨感”，往往一下子让我们又变得心灰意冷。美国不是刚刚通过了6920亿美元的国会军费授权法案吗？美国优先的具体操作不是在加高贸易壁垒吗？又有谁会犯傻让空洞的理想，使自己可能被人利用和算计呢？没错，让这一理念真正化为共识和纲领，实现用爱的力量彻底战胜异化过度的肆虐，还有很长的路要走，对于这一点，还是需要有充分的耐心。没关系，只要开始行动，就会有希望。最为发达的美国本应成为这一行动的引领者，但似乎被什么东西捆住了手脚，其表现并没有跳出千百年来帝国争霸的窠臼，还是那么貌似理性的自私和狭隘，这难道不正是曾经美好的资本主义进入老年危机的征兆吗？看来，这一关乎人类命运的历史重任，责无旁贷地落到了中国肩上，是到了证明自己文明厚度和制度优势的时候了，一个古老的呼唤终于在今天产生了回响。拿出勇气行动起来，跨越卡夫丁峡谷，让爱的光芒普照大地。

第三次浪潮——集智时代的到来

狄更斯在《双城记》开篇写道：那是最好的岁月，那是最坏的岁月；那是智慧的年代，那是愚蠢的年代；那是信仰的时代，那是怀疑的时代；那是光明的季节，那是黑暗的季节；那是希望之春，那是绝望之冬；人们面前无所不有，人们面前一无所有；人们正在直登天堂，人们正在直奔地狱——简而言之，那段时光就像现在一样，一些吵吵嚷嚷的权威，不论他们是褒还是贬，都认为只能用最极端的字眼来评价。

这或许是对法国大革命时期最为经典的点评了，怎么看，用它来评价此后的任何重要年代似乎都并不显得偏颇。如果从“轴心时代”[1]算起，大约过去2500年了，我们看

---

1 “轴心时代”是德国思想家卡尔·雅思贝尔斯在《历史的起源与目标》一书中提出的一个跨文化研究概念，用以指称公元前500年前后（前800年—前200年间），同时出现在中国、西方和印度等地区的文化突破现象。

到的是，物质世界早已面目全非，连一些神话和幻想都变成了现实，而精神世界还基本上囹圄于自我的荒原，不管是上帝的牵引抑或是佛祖的呼唤，“聪明”的人类大多还是遵循着自己的计算。所以说，即使在伟大的工业革命开启的时代里，人们所感受到的依然是冰火两重天，穷奢极欲与苦难深重依然形成着强烈的反差。尽管如此，崇尚人道主义的狄更斯在这部小说里，还是为化解各种尖锐矛盾和仇恨寻找了方案，那就是宽容、善良和爱，但从今天的现实来看，的确充满了理想主义色彩，未免显得过于天真了。看来，理想与现实之间，好像是存在着一道相当坚固的屏障，就连工业革命的巨浪都没能将它冲破。那么，它究竟是什么东西呢？答案很简单，遗产继承。想想挺有意思的是，血统真是蛮强大的力量，祖先的功德与精明，能够穿越几十年甚至是几百年福泽于后代，时间在自私的基因那里根本起不了什么作用。如此一来，从哪个子宫里来到这个世界，在相当程度上决定着不同的命运。关于这一点，巴菲特有着独到的见解，他在给听众们讲解成功的决定因素时，不无形象地提出了“子宫抓阄”假设，这正是他反对政府取消遗产税的一个重要原因。问题似乎并没有彻底解释清楚，既然强大的资本力量能够摧毁权力血缘继承的悠久传统，为什么对同样是封建色彩浓厚的遗产继承，却视而不见呢？答案也不复杂，资本需要的是自由，并不太关心公平。而恰恰相反的是，本性贪婪的资本，原本就是自私本能的增强剂。因此，指望资本主义解决公平问题，还真不是太靠谱的事。

对此根本没必要悲观、失望甚至绝望，一场以信息革命为基础、共同美好社会为蓝图、万众创新为动力的第三次浪潮已经到来，人类将进入一个彻底获得解放、充分自由发展的集智时代。所谓集智，是指低智动物（如蚂蚁、蜜蜂等）的一种群体行为，即在特定条件下，通过群落中复杂的分工协作，做出的高智商行为，表现为整个种群变得聪明了。集智可以被看作是一个物种进化的标志，当集智达到一定程度，往往会发生跨越式突变。甚至有人猜测，人类早期的祖先，也是通过集智进化而来的。当然，集智现象发生的一个重要条件是有效的信息沟通，其特点是群体参与。那么，这意味着什么呢？低智动物尚能如此，在互联互通几乎成为不可或缺的生活方式的环境中，高智商的人类通过集智，还有什么目标不能实现呢？可以说，集智将产生全球性的知识和能力协同，一个个星星之火般的奇思妙想，通过相互碰撞就像链式反应产生知识爆炸，迅即形成燎原之势；各种专长通过协作创造出不可思议的效率和效果，知识和技术通过集成所带来的后果往往是颠覆性的，以至于有人把当今科技发展所处的时期称为奇点时代。比如说，过去译制一步故事片，最少需要半年以上的时间，现在通过集智化的网络协作，最快用不了两天，同时成本大大降低，而且水平一点也不低。原来某一个行业中苦思不得其解的技术难题，在另一个行业里早已得到广泛应用，喷雾造粒技术，不就是从制药行业借鉴到超级粉体制造中去的吗？国内某跨海大桥的建设也是如此，初期钻孔打桩时遇到了天然气喷出无法灌浆，对路桥建设者们来说还真是个不小的难题，但在石油天然气开采中简直就是小菜一碟，行业之间的学习和借鉴，使困难迎刃而解。这样的事例比比皆是举不胜举，其最具革命性意义的是，创新的门槛大大地降低，且速度大大加快了。不管你是高中生还是博士后，也不管你是否有资格使用大型实验室，一个小小的思想火花，碎片化的理念和智慧，通过高效的沟通、碰撞和协同，迅速就可能成就出一个新产业。而且，更为重要的是，资本将决不再是最重要的制约要素，知识、理念、思想、经验和创意等成为主角。眼下刚刚看到的是，共享单车从一个念头到铺天盖地，才用了多长时间呢？可以预见的是，集智将前所未有地改变世界，人类的梦想将会变为现实。正是从这个非同寻常的意义上，在这里把目前对当今时代既不统一也不达意的各种表述——信息时代、后工业时代、互联网时代、E时代、虚拟时代、知识经济时代等，称为集智时代。因此，将正在发生的这场革命称为集智革命，第三次浪潮称为集智革命浪潮。在这个时代，必须要做的一项基础性工作是，建立一个和谐、稳定、充满活力的集智生态，从而使人们在充分挖掘自身潜力贡献智慧的同时，合理分享集智所带来的成果。

在第一次农业时代的浪潮中，中国曾经引领世界上千年，为人类文明的发展做出了巨大的贡献。但遗憾的是，由于自身的封闭保守和夜郎自大，被西方世界那些第二次工业时代浪潮的弄潮儿，远远甩在了后面并吃尽了苦头。从不向命运低头的中华民族，经过近七十年的奋力追赶，终于完成了工业时代的跨越，并以一种令人称羡势不可挡的姿态，矗立在了第三次集智时代浪潮的潮头。鸿篇巨制《世界文明史》的作者维尔·杜兰特博士认为，东方的文明才是世界文明的源头和基石，并且对唯一一个历经几千年仍绵延不绝的中华文明尤其惊叹。他在全书第一卷《东方的时代》中充满激情地写道："世界上没有一个民族能像中国人那样的精力充沛，那样的聪慧，那样的能适应环境，那样的能抵抗疾病，那样的能忍受灾难和痛苦，那样的在历史的熏陶下能沉静忍耐和等待复原。"这个拥有如此物质、劳力和精神资源的国家，加上现代工业的设备，我们很难料想出可能产生的那种文明是什么样的文明。很可能将会比美国更富有，很可能将会与古代的中国一样，在繁荣和艺术的生活方面，居于领导世界的地位。当然，对这样一种高度认同和赞美，中国完全有理由充满自信，但需要清醒的是，所有潜在的可能，都是要通过埋头苦干实现的，同时，还要时刻把握准时代的脉搏。

一场暗涛汹涌的革命

与以往经历过的大时代变革显著不同的是，集智时代的到来，在现实空间中几乎看不到什么改变。不像农业时代开始时，人类从树上下到地面，从逐食迁徙到定居，从吃现成的到自己种植。正像赫拉利所说的那样，原来丰富多彩的食物结构变得单调可怜，遇到天灾人祸难逃死亡一途，这样的生存方式转型，付出了沉重的代价。也不像工业时代伊始，大片的农田盖起了一座座工厂，性情温驯的绵羊却凶恶地把农民从田间驱赶进了车间，狠心的资本家让习惯了散漫的农民，在严格的纪律下没完没了地干活。实事求是地说，一场对人类发展起了巨大进步意义的工业革命，是在多少代人中大多数遭受苦难的过程中完成的，且过程中爆发了一场场革命运动。这也是以马克思为代表的无数社会主义者，揭露资本主义罪恶，并号召全世界无产阶级起来推翻这一制度的原因。然而，当今这场正在发生的集智革命，一点也不会带来痛苦和动荡，因为这是一场由于科技发展水到渠成，上下互动、普遍参与且共同受益的运动，其唯一造成的结果是，由跨界竞争和降维打击所加快的产业更替。这种现象在工业时代也会发生，只不过节奏没这么快罢了。的确，我们看到，网购兴起让实体店关门了一大批；移动通信被微信挤压的风光不再；移动支付让传统银行业务出现萎缩；滴滴打车和共享单车让出租车日子难过；手机订餐外卖急达让方便食品的销量大减；甚至有人开玩笑说，现在就连小偷的生意，都越来越难做了，因为人们随身带的现金越来越少了，而且眼睛总盯着手机不知在看着什么，还能偷什么呢？这难道不是一种社会的进步吗？其结果必然是，任何行业和企业都不得不关注并重视创新。这样一场伟大的集智革命，与以往的轰轰烈烈相比，从表面上看还真是静悄悄的，说到底，这是一场虚拟世界里发生的革命。

事实上，整个社会对集智时代到来，还是深刻地感受到了，并已经做出了积极响应。政府鼓励的大众创业、万众创新以及互联网＋思维，并把创新驱动上升为国家的发展战略之一，还真是踩准了集智时代的节拍。应该说，从世界各国的认知和行动比较来看，中国在集智时代毫无疑问走在了前列。外国人到中国看到的除了高铁和智能手机使用的普及之外，而最为惊异的是无处不在的移动支付，甚至连乞丐都在使用二维码。2017 年双十一促销日，仅阿里旗下天猫一天的成交额就超过了 1600 多亿，相当于一个小国全年的零售总额。各种基于互联网 + 的创意项目层出不穷，网络中知识交融碰撞使一切皆有可能。刚刚报道有一名年仅 18 岁的河南农村高中女孩，为了解决她视力不好的父亲开夜车远光灯晃眼问题，发明出了汽车远近光转换器，并获得了国家专利。可以说，身边的创新已经成了许许多多人们生活中的一项内容，更不用说拥有实力的企业和研究机构了，那种对中国经济持续增长动力的担忧，显然是没有意识到集智时代的发展逻辑。

正因为这样一个充满活力的局面出现，也滋生出了一种缺乏理性盲目乐观的氛围。打开国内一些不在少数的媒体，到处看到的是信心爆棚，某一项重大的技术成就，不是让这个慌了，就是让那个吓尿了等，真是过够了嘴瘾，吸足了眼球，俨然已经是世界第一的感觉。但结果呢？且不说这样的群体狂躁会产生什么样的国际影响，错位的舆论导向，无疑煽动着极端民族主义情绪，让和平发展和永远不称霸的主张和承诺备受质疑，很难让人相信中国的强大，是在为世界和平和人类的共同繁荣增添着力量，更为灿烂的中华文明抹上了污点。好在，喧闹的人群外还是站着一些清醒的人们，其中不乏悲观者。在他们那里看到的是，中国在许多高端技术领域，依然存在着相当大的差距，能否实现全面赶超还是个问题。比如说，10纳米级光刻机依赖着进口；航空发动机不管是在使用寿命还是推重比方面，都与世界领先水平差着不止一代的距离；战略轰炸机还是空白；大型船用涡轮机也存在着较大差距。等等这一切在技术决定论者们的眼中，都是致命的短板。毫无疑问，这些都是现实。但不管是盲目自信的无知，还是自我矮化的悲观，走到极端不仅无济于事，而且贻害无穷。在这里尤其要对那种妄自菲薄的认知做一点说明，从根源上来看，这是一种对集智时代特点认识不足的表现。一般来说，新兴国家占有着时间方面的优势，通过学习性追赶，总会不断缩小与领先国家的差距。不仅如此，一个格外具有意义的现象将会出现，那就是在集智时代，追赶的速度会超乎想象地加快。为什么会这样呢？实际上，这并不是什么特别难解的问题，只要对形成差距的原因稍加分析便会清楚。在产品制造中，水平高低主要取决于装备、工艺、材料、操作和环境等要素，在这些要素中，只有操作者的经验技能是很难学习和复制的。除了科学技术的进步对产品制造水平的提高具有重大影响之外，能工巧匠们在长期的生产实践中，摸索积累的一些决定性能的小窍门和技术 know-how 同样重要，这些来自于实践中点滴积累的知识和经验，往往成为不易掌握的秘密，这是时间沉淀的结果。不管是在航空发动机领域，还是在光刻机的制造，都极大可能地存在着这种状况。但在集智时代，用空间跨越时间的阻隔成了可能。因为许多工艺细节在不同的产业领域是相通的，采用集智化思路，把一些技术难点投放到无限的空间中，运气不是太差的话，总会遇到身怀绝技的人将问题解决。只不过可能涉及一些机密的问题，并不会成为难倒专家们的障碍，不难找出妥善处理的方式。这样的巧妙设计逻辑，在本质上体现着知识在空间上的协同效应，用规模置换时间。难道不是这样吗?

集智时代将给人类社会带来深刻的变化。为什么中国的制造业超过了美国一大截，但 GDP 却只有美国的 60% 左右呢？这绝不仅仅是产业结构的差异所能完全解释清楚的，究其原因，是由于价值衡量的内涵和尺度发生了变化。1976 年对研究美国经济史的学者来说，具有不同寻常的意义，因为这一年，她的第三产业占 GDP 的比重首次超过 50%，预示着后工业化时代的到来。但对一般人来说，似乎没什么感觉，对那种认为社会将发生深刻变化的观点，大多是不以为然。毕竟，那时的计算机还仅仅是在局部范围内使用，离网络把世界连接起来差不多还要等近二十年的时间呢。但是，一切都在积极进行着准备，可谓万事俱备只欠东风。强劲的互联网东风，就像工业革命时代的蒸汽机，终于敲开了集智时代的大门。不管在农业时代，还是在工业时代，物质产品生产是人类经济活动的中心任务，绝大多数的发明创造几乎都是围绕着提高生产效率展开的，生产更多的粮食、更多的衣服和汽车、造更多的房子等。读小说、听相声、品戏剧、观比赛、看电影等不过是闲暇之余的生活调剂，尤其对一般普通的老百姓来说，大多数心思还是主要花在了衣、食、住、行的算计上了。这也是商品拜物教、货币拜物教存在的社会基础。随着并不轰轰烈烈的集智时代的到来，人类的生活开始发生着一场颠覆性的改变。其中，一个对未来必将产生深远影响的现象是，人们的生产活动，从以提供物质产品为主，在向着以提供精神产品为主的方向转变，与此相应的，人们的喜怒哀乐，也会从死盯着物质占有的多寡，不断地转向更多地追求精神世界中的体验。也就是说，一个真实的虚拟世界开始走进人们的生活，并将以不曾想象的方式，重塑整个世界。与现实世界相比，虚拟世界蕴含着永不枯竭取之不尽的宝藏，实际上所挖掘的正是人类自身的智慧。在这个世界里，人类的两大本能，好奇心和好胜心，都将会得到充分的满足。可以说，许多在现实世界里难以找到的感觉，甚至连一些所遭受的挫折和打击，却在虚拟世界里能够得到有效的补偿。人们在虚拟的战场上一路过关斩将，体验着胜利者的自豪。在过去，人们好生羡慕“秀才不出门，便知天下事”，而在现在，动一动手指就能赶到万里之外的事发现场。在前面讨论生命的意义中谈到，人的生命不过是一种自然现象，经历一个短暂的人生过程，并伴随着各种各样快乐和痛苦的感受。如果人们能够在虚拟世界里找寻到更多快乐的体验和感受，而不是通过现实中的挥霍和攀比，对自然资源早晚有一天会枯竭的地球来说，难道不是一个天大的福音吗？那些杞人忧天的悲观论者，真是到了需要重新思考的时候了，贪婪的欲望无论如何也消耗不完虚拟世界中无穷无尽的资源的，因为，在以共享为基本特征的虚拟世界里，几乎所有产品生产的边际成本趋近于零，重复生产和批量复制，并不更多地消耗有限的物质资料，在这里，最大的资源或成本是时间。如果说在过去，“无农不稳、无工不富、无商不活”的经典总结，是应对工业化时代的经验所得的话，那么，在以虚拟化为基本特征之一的集智时代，人们很可能要把“无实不存、无虚不乐”的基础理念，作为思考和制定政策的一个重要指导原则。

天下从来就不存在完美无缺的事物，让人们充满无限遐想的虚拟世界概莫能外。五花八门的各类利用网络和通信的诈骗犯罪活动，以防不胜防的种种方式搅乱着人们的生活；本该集中精力完成学业的花季少年沉迷于网络，让父母们伤透了脑筋，甚至连一些成年人也加入了其中；黑客侵入带来的网络安全问题，不仅给个人、企业以及政府机构等造成着各种损失，也给国家安全平添了前所未有的挑战；就连无所不能的大数据，在给社会创造无尽便利和提高效率的同时，却让人们的许多隐私暴露无遗。如果这一切可以在一定的时期里，通过技术的手段和规则的建立加以解决的话，无非考验的是人类的智慧。而在集智时代必然出现的政治生态的改变和重构，对一个政府将如何实施有效管理来说，将是一个全新的课题。从国家治理的角度来看，社会结构已经发生了深刻的改变，人们相互之间的社会关系，早已超越了日常生活和工作中的交往。遍布网络中的无数的群、信息发布平台、微信公众号、微博粉丝群以及朋友圈等，形成了平行于现实世界且截然不同的虚拟生态。在这个虚拟世界里，尽管有点像古代部落似的一个个群，组织形态松散，并没有多么严明的纪律，但却不是随意拼凑的乌合之众。除了一些机关企业建立的工作群以外，通常，群集的人们并不是按照民族、职业、学历甚至国籍等来积聚的，而主要是以共同的关注、爱好、兴趣甚至意识形态等汇合到一起，传播和分享各种信息并伴随着争论，意见领袖们从中发挥着重要的作用。而且群与群之间的成员具有一定的重叠，一条有趣或有影响的内容，会以极快的速度传遍整个世界，波及范围之广、传播效率之高，是以往任何媒介途径不可比拟的。奥巴马和特朗普不都是运用推特的高手吗？甚至有人戏言称特朗普是推特治国。事实上，虚拟世界已经成为人们自由表达和争论的理想国，如果没有必要通过投票来实现民主权利的话，讲几句哪怕不一定正确的真话，还是应该给予足够的宽容。在移民国外的人当中，并没有多少人真正打算用自己的选票去影响当地的政治格局，只不过是觉得在那里没有了因言获罪的恐惧而已，同时可能认为财产会更安全一些，这后一点真还未必。实际上，老百姓要求的并不多，一是善政所带来的稳定和谐的社会秩序，再就是让他们能够没有顾虑地，对他们认为不对的事情进行批评。尽管可能由于见识的原因，或是并不真正了解全部真相，他们的意见不正确，但一定要赋予他们这项权利，这也是社会核心价值观的一个基本内涵。说到真相，现代传播中存在着一个令人纠结的现象，毫无疑问，任何事情肯定都存在着真相，但不管是由于观察角度的差异，还是出于利益的牵连或责任的推诿掩饰，亦可能是出于保密等原因对部分事实进行善意或恶意的掩盖，更不免出于对塔西佗陷阱的联想，人们对真相的诉求几乎成了奢望，可供选择的大多是只有相信。因此，如何在无边无际的虚拟世界里，让崇尚自由追求美好生活的人们，从心底里真诚地愿意相信，国家的选择和举措，无不是从根本上代表着人类文明的发展方向，的确是最高决策者们，在这场暗涛汹涌的集智时代革命中，一项不无挑战的任务。

财富的新注解

只要有空间存在，就会有幽灵游荡。虚拟世界当然不会是一片净土。2009 年，一个网络署名中本聪的人，在网上发布一种虚拟挖矿的特殊算法，通过一定时间的运算生产电子虚拟货币——比特币。最初人们不过是把它当作一款智力游戏而已，并没有引起多大注意。事情的发展出人意料，仅仅过去八年的时间，比特币价格令人瞠目地上涨到超过 15000 美元，总市值近 2600 亿美元，拿到世界 500 强排名也进到了前 10。更让世界各国越来越感动棘手的是，它从虚拟走进了现实。从 2014 年美国电商巨头 eBay 子公司 Braintree 宣布接受比特币支付以来，陆续加入的平台如雨后春笋。比特币从最初的只能在网上购买游戏中的虚拟物品，很快发展到能够购买现实物品和支付房租打车等，再发展到可以套现兑换许多国家的货币。而且，其安全性、便利性、保密性以及低交易成本等特点，显示出了它的独特优势。同时，比特币的开放性和去中心化特征，不由得使人们浮想联翩，难道这不是一条富于启发性的推翻美元霸权的巧妙途径吗？其实，还真是有人大胆地提出过建议，用比特币取代美元充当世界货币。的确，比特币的出现及其野蛮成长的状况，引起了经济界的激烈争论。有人从它的规模可控性及开放性角度，认为这是体现公平，并从根源上消除通货膨胀的理想设计。另有人则针锋相对地指出，它一定会导致通货紧缩，且由于过度炒作带来的价格暴涨暴跌，必将极大地影响经济发展，同时给黑客们创造了巧取豪夺的机会。正像一切新生事物一样，来到这个世界就要面临各种各样的说长道短，比特币同样存在着天然的两面性，人们无不是在权衡取舍中做出选择。至于比特币最终的命运如何，并不是本文关注的重点，引出这个话题，只不过是想从这一光怪陆离的现象中，咀嚼出一点财富的不同味道。

财富究竟是从哪里来的呢？这看起来是一个有点傻傻的问题，谁又会不知道呢？肯定是劳动创造财富呀，马克思不早就讲清楚了吗？在对人类影响深远的《资本论》里，马克思还把劳动分为具体劳动和抽象劳动，具体劳动创造使用价值，抽象劳动创造交换价值或直接称为价值，而且用这些概念揭示了买卖双方的相互排斥和对立倾向。就是在亚当·斯密为代表的古典经济学那里，不也早从分工和交换阐释清楚了吗？当然，还有不少人把上帝的偏爱作为财富的自然禀赋来源，沙特王国的石油，巴西得天独厚的优越自然条件，美国的地大物博物产丰富，以及俄罗斯无垠的土地和丰富的矿藏等，无不彰显着财富的巨大潜力。毫无疑问，这些都是财富创造的源泉。当然，知识作为生产力，甚至是第一生产力，也是促进财富增长更为有效的手段。似乎这些答案差不多就能解释人类发展至今，所取得的了不起的经济成就了。但对学者们来说，显然是无知地忽略了制度安排所起的作用，在他们那里，制度重于技术。的确，资源禀赋相近的国家，经济发展天差地别的国家多着呢。既然明了了制度环境扮演的重要角色，就不难推知，还有一个不容忽视的财富宝库，那就是信用。日常生活中，一个信誉好的人，如果家里有点急用借点钱很容易，甚至连欠条都不用打。而如果是信誉差的人，可就惨了。企业也是一样，当然，即使信誉好还是要签合同的。国家就更不用说了，美元国债能够在世界范围内流通，不正是由于大家相信，美国绝不会发生债务违约吗？美国债务上限能够不断上调，不也是国家信用并没有用尽的表现吗？事实上，信用是一笔取之不尽的财富。

至此，有关财富之源的探究已经相当充分了，但好像用这些逻辑去解释比特币现象时，似乎都不怎么到位，如果非要生搬硬套的话，其结果一定是牵强附会误人误己。现实已经在那里活灵活现地等待理论逻辑的跟进很久了。其实，与这一现象具有相同背后逻辑的事情，在历史上发生的次数太多了，每一次改朝换代新政权的建立，老百姓们不是很快就采用了新发行的货币，继续着既往的生活和工作吗？当然，人们可能马上会说，这不过是一种带有强制性的被迫认同罢了。那么，1944 年建立的布雷顿森林体系呢？以及 1972 年美元与黄金脱钩后，单纯以美元为中心的世界货币体系呢？所以，我们所看到的是，不管是出于被动的认同，还是在自由选择条件下以主观意愿为基础的同意，都无疑改变了财富创造和分配的土壤。在比特币的生态环境中，人们仍然可能会争辩到，了不起是一种算法改变了利益分配的格局，并没有创造出更多的财富。其实不然，虚拟世界中能够给人带来不同体验的活动，本身就是一种财富，更不用说这种体验的结果还能在现实世界里兑现了。所以说，在一个达成共识的群体中，共同的相信和认同，并在此基础上所形成的对未来的信心和美好预期，同样是一笔不可多得的宝贵财富。完全有理由期待，这一对财富解读的新理念，对集智时代中智慧和知识交汇的万马奔腾，将会是如虎添翼。

工业化时代收官

应该清醒地认识到，走在集智时代前列的中国，仍然拖欠着工业时代的巨额债务，需要花大力气，补上工业时代甚至是农业时代落下的功课。我们完全有理由为制造业第一、国际贸易总额第一和 GDP 世界第二的非凡成就自豪，这些毕竟书写下了人类历史上的一个奇迹。但与此同时，一定要正视客观存在的现实差距。首先应该看到的一点是，当所有引以为豪的指标被巨大的人口规模平均后，还是让人多少感到有些沮丧，尽管规模总量本身具有重大意义，但人均数在很大程度上则体现着一个国家老百姓的生活水平，即使按照 PPP 换算，人均差距依然不小。其次，几千万绝对贫困人口的存在，对于一个总体上完成了工业化的国家来说，是一个极不协调的现象。当然，中国政府近年来的扶贫政策，已在较短的时间里，以人类历史上的最大规模，使数亿人脱离了贫困，取得了举世瞩目的成就。实际上，当今社会巨大贫富差距的存在，并不仅仅是影响稳定的经济和政治问题，更是与人类理想的冲突。消灭贫困，是一个现代国家义不容辞的责任和义务。再一点是，我们的宣传中，多是凸显外国人到中国乘坐高铁时的羡慕，以及站在上海外滩，观看夜景时的叹为观止等。这里并不反对向世界展示各种成就，以显示制度的优越和中国人的勤劳智慧，但对自己来说，要更多地把眼光投向差距和不足。不用说贫困的边远地区了，就是城乡接合部和城中村依旧破败不堪的景象，足以让人感受到巨大的反差。如果在这里打一个不一定完全恰当的比喻，中国现在就像一座刚刚封顶的摩天大楼，还没有完成装修，更谈不上装饰，远远地看去无比雄伟，近看和细看还有相当大的工程量。前些年流行的一种说法，“在中国，城市像欧洲，农村像非洲”，倒真是蛮形象的。最后一点是，尽管这些年来，政府改革已经取得了巨大的进展，且成效显著，但依然显得庞大的政府机构和事业单位，不仅影响着效率的继续提高，而且浪费着无数刀刃急需的财力。实际上，总有一些人喜欢把中国以外的所有国家作为一个整体，并把他们各自在不同领域最亮色的成就当成标尺，时刻提醒着自己登顶之路还很漫长。如果从这个角度出发，单子还可以列很长，但这里并不准备也不可能涉及所存在差距和问题的方方面面，仅以此作为提醒，在风起云涌的集智时代中，一项重要且迫切的任务是，需要抓紧时间补上原本应该在工业时代做完的功课。

如何补上这一课呢？事实上，从2012年开始，国家加大了对弱势群体的救助帮扶力度，城市低保标准的提高，新型农村合作医疗体系的建立，精准扶贫战略的推进，并已确定把2020年作为消灭绝对贫困的时间底线。等等这一切工作及其将实现的目标，对于一个拥有全世界五分之一人口的超大规模国家来说，具有人类史诗般的意义，让每一个中国人充满了骄傲与自豪。应该说，这不仅彰显了执政党的理想和抱负，也是国家综合实力和能力的体现。试想一下，如果以五十年前的生产力发展水平，即使再有美好的愿望和崇高的理想，这样的目标也只能作为目标去激励人们，根本不可能设定短短的时间期限作为任务来完成。一直以来，战胜短缺和贫穷，实现富裕和繁荣是国家孜孜以求的目标，改革开放奇迹般地让梦想成为现实。不仅如此，“短缺经济”作为一个社会主义的讽刺性标签，被扔进了历史的垃圾堆，“生产过剩”这一原本描述资本主义特征的现象，同样考验着社会主义的改革者们。“去产能”“调结构”以及“供给侧改革”等一系列举措，无不是以应对生产过剩局面为主要目的的措施。毫无疑问，政府主导的有序和有效的宏观调控，远比资本主义市场自由调节下的危机频发要强得多，但仅此就能让我们对自身制度优越性的充分体现心满意足了吗？一个多么大的历史机遇摆到了眼前，曾经是使出浑身解数也无法满足广大人民的总体需求，现在却是在产能过剩的大背景下，人民需求满足的不充分和不平衡，甚至还有不少人遭受着绝对贫困的折磨。这难道不是一个值得彻底反思，并从中找出根本性突破思路的新时代中的一盘大棋局吗？这是一个集智时代，思想观念的解放是社会进步的巨大动力。

我们曾经用计划经济的手段，对付了短缺时代的基本保障问题。当然，计划经济的种种弊端早已被人们深刻认识，因此，在改革开放之初便引入了市场机制并取得了巨大成功。市场经济在创造财富的过程中毫无疑问显出了神奇的魔力，但是，市场同样不是万能的，不仅自身无法克服的周期性危机发生，在解决公平的问题上更是束手无策。效率与公平间尺度的拿捏，不仅考验着执政者的智慧，更反映着一个国家的社会性质和文明程度。在物质满足为主要追求的工业化时代中，效率与公平常常被认为是鱼翅和熊掌不可兼得，决策者们不得不在二者间做着艰难的取舍。在集智时代，满足物质层面需求所占有资源的比例越来越低，而且由于效率和效能的大幅度提高，与工业时代相比，满足同样的物质需求所消耗的自然资源将大大减少，或反过来说，自然资源的利用效率将大大提高。这就使得鱼翅与熊掌兼得成为可能，至少二者之间的矛盾不再像过去那样那么尖锐了。清楚了这样一个基本事实，解决公平问题的答案也就呼之欲出了。在提出建议性解决方案之前，需要确认一个基本共识，那就是，在进入了新时代的中国，每个公民都有权利有尊严的生存，不管他们是否有能力通过自己的劳动去获得，国家有责任和义务提供基本生存保障。这并不是对西方福利社会理念和实践的模仿，也并不准备照搬那些已经产生了负面效应的具体做法，而是完全根据自身国情，营造出让效率与公平良性互动，相得益彰的社会环境。实现这一目标的核心理念是：计划保障公平，市场创造效率。

一提起计划，可能不少人马上就皱起了眉头，一幕幕悲惨痛苦的景象，会不由自主地浮现在眼前。当然，作为一种对历史记忆的正常反应无可厚非，但是，那种谈虎色变如惊弓之鸟般的过度恐惧亦不可取。其实，计划和市场都不过是调节经济的手段，只是它们各自发挥作用和体现优势的领域不同而已。罗纳德·科斯在论述企业的性质时，揭示了企业内部的计划性不仅提高了效率，而且大大减少了交易成本。这是对计划所起作用的经典阐述，也是对计划作用在一定条件下的充分肯定。由此人们可能会联想到列宁的著名公式，“共产主义就是苏维埃政权加全国电气化”，在这里，整个国家就是一个超大型企业，国家的统一计划既可以保证了效率，又节省了交易成本，这难道不是一举两得的好事吗？根本不可能，世上哪有十全十美的好事，计划作为有利于控制的最方便手段，当然不会成为例外。实际上，当一个组织的规模大到一定程度以后，组织成本会骤然增加，甚至会吞噬掉其他优势所带来的好处。除了官僚主义和腐败等人的因素以外，无数的差异化需求以及信息汇集和处理手段的低效无能，使得计划无法招架而弊端丛生，同时，创新动力在计划那里也很难得到公平有效的鼓励。这正是计划经济必然失败的主要原因。那么，为什么在这里重新提出了运用计划手段来实现公平呢？因为，条件和背景发生了重大变化。

首先，计划的内容发生了变化。在传统的计划经济中，计划的内容无所不包，小到一根根发卡，大到机床汽车，涵盖了国民经济的方方面面。而在以提供基本生存保障为目的的计划中，主要涉及的是衣、食、住、行等方面，且以食品和住房为核心。这样一来，计划的内容既简单数量又少，而且需求的刚性及同质性非常强，类似于大宗商品的管理，计划的准确性和有效性容易实现；其次，电脑、智能手机以及网络等信息化技术应用的普及，尤其是大数据时代的到来，不仅计划所需各种数据的采集和处理快速及时，且预测的精准度相当的高，这是成功实施计划管理的重要基础；再次，不断完善的管理评估体系以及问责制的运用，对官僚主义和腐败等人性弱点可能造成的侵害，将起到拒绝和防范的积极作用。在一个透明度越来越高的集智时代，那种懒政、怠政甚至恶政将难以遁形，尤其是在为人们提供基本生存保障资料的时候更是如此。因此，在这里，计划将不再是洪水猛兽，而是保障公平的一种有效手段。正所谓，上帝的归上帝，恺撒的归恺撒；国家的归国家，市场的归市场。这难道不是一种理想的混合经济模式吗？

认识层面的问题讨论完了，还是要回到现实，钱从哪里来呢？这既是个问题，又不是个问题。关键取决于对这项工作如何理解。如果把保障公民的基本生存权利，当作国家的另一种基础设施建设，钱根本就不是个问题。改革开放之初的国家经济状况是什么样，想必大家都清楚，那样一种困难局面，都能想出各种办法迅速推进了基础设施建设，今天的国家实力完全有能力去做任何必要且值得的事情。新加坡刚刚独立的时候真正是一穷二白，就在那样困难的条件下，政府通过组屋建设，一步步实现了“居者有其屋”的理念，奠定了经济腾飞的重要基础。这无疑是一段值得借鉴的历史。可能有人会说，为了应对 2008 年的金融危机，中国近十年来 M2 增加了 100 多万亿，早已成为一把高悬头顶的达摩克利斯剑，不管再以什么方式加大货币投入，恐怕会成为压垮骆驼的最后一根稻草。其实不然，这种担心完全没有必要，甚至结果可能恰恰相反，因为所有的新增投入，全部是到实体产业中去了，且表现为三驾马车中的政府有效投资，不仅把巨大的潜在生产能力转变为现实生产能力，将已发出的货币转化为有效资产，从基本面上改善了资产负债表。而且，一旦人们解除了后顾之忧，个人消费会出现爆发式增长，这驾马车必将大大加速，这是一个双重收益。另一个重要的结果是，增强了抵御国际市场日趋严重的贸易保护倾向所造成的不确定性的能力。我们看到，以特朗普买美国货、让制造业重回美国以及美国优先等为典型代表，世界上反全球化的势力空前泛起，中国通过打造公平这一基础设施的建设，刚好为可能受到冲击的产能提供了安全的避风港，哪怕是有意的遏制，也会得到有效的化解。

那么，增加投入会不会出现通货膨胀呢？同样不需要担心。因为，在基本生存保障资料的生产和消费领域，是按照计划经济模式进行管理的，价格水平完全是受控的。而且，相对于需求来说，生产能力是过剩的，不会因为短缺造成价格上涨。只要关系到国计民生的领域保持稳定，即使享乐奢侈类消费的价格有些波动，又有什么大不了的呢？计划体系的存在，说不定还可以作为市场体系有效的调节器和稳定器呢。其实，这样的一种构想，其意义远不仅仅限于经济层面和道义范畴，也为政府精兵简政、提高效率以及转变治理方式，打开了一扇开阔通畅的窗口。这一承担重要经济职能的计划体系，是需要一定规模的高素质人员组成的，原本政府改革中人往哪里去的头疼问题，可以通过机构翻牌或人员流动等方式，轻松地加以解决，这样的调整方式既快又省钱，且盘活了冗余的人力资源。当然了，这一美好的设计和盘算，对决策者的魄力和智慧还是一个不小的考验。至于是通过发行特别国债，或通过社会统筹的方式，还是通过建立新的资本市场募集资金，这是需要发挥一定想象力的领域，应该难不倒我们的精英们。试想一下，在一个充满无尽想象的集智时代，连比特币的一种算法，都在一定程度上改变着财富的版图，中国当然更有理由，充分挖掘和利用自身坚实丰厚的信用宝库，让人们对国家的信心转化为现实的财富，只要放飞思想，必能取得突破。

这是一个最好的岁月，这是一个智慧的年代，这是一个信仰的时代，这是一个光明的季节，这是一个希望之春。伴随着工业化时代的完美收官，中国将一举跨越卡夫丁峡谷，并在第三次浪潮中，引领世界的未来。

目标近在眼前：总攻的时机已经成熟

当一个国家把增进民生福祉，作为发展的根本目的，不再容忍贫困现象的存在，并把实现公平当作重要原则，从标签口号变为具体行动的时候，体现和承载人间大爱的社会正义，这一衡量人类文明尺度的抽象概念，将从一种虚幻的天籁之声变为现实中活生生的实践，一切滋生人类苦难的渊薮将被彻底荡涤。在这个意义上对中国来说，以提供基本生存保障来改进公平状况的变革，不仅是革命性的，而且具有极其重要的普世价值。从这么多年来曲折的发展历程来看，不管是面对大批国有企业员工的下岗，还是应对人类历史上最大规模的人口迁徙，改革永远是社会发展的根本动力。如果四十年前的改革开放是以提高效率和效益为目标，这一场改革则是在促进实现公平的基础上，彻底转变经济增长和社会发展的方式，追求的是发展的高质量和高效率，并不会以牺牲效率和效益为代价。尤为重要的一点是，这不是一次利益格局调整的零和博弈，而必将是一场使全社会在根本上普遍受益的改革。大道之行，天下为公。

听起来再诱人的前景，看起来再美好的蓝图，还是需要通过在操作层面中，一步步具体的行动实现的。首先需要明确的一点是，中国实在是太大了，不同的地方情况千差万别，不要说城市与农村间的差别巨大了，就是区域与区域之间，省与省之间，市与市之间，县与县之间，甚至村与村之间，都会由于自然条件、气候、环境、习俗、传统以及经济发展水平的差异等而各具特色，各种各样的历史传承，更是林林总总不一而足。因此，在国家提供基本生存保障的原则基础上，如何根据各个地方的具体实际情况，因地制宜地制定和实施接地气的政策及措施，就成了这场意义空前的改革能否顺利进行并取得成功的关键。实际上，为消减贫富差距悬殊增进公平，国家已经在做着各种努力，低保、廉租房建设、精准扶贫以及土地流转等各项工作，均以帮助弱势群体改善生活状况为目的。实事求是地说，所有这些做法，尽管从主观上来看是积极作为的姿态，但在客观上还是以有多少钱办多大事，量力而行的理念在主导，并没有在观念上突破传统的束缚，因此，最终实现目标的过程会相对漫长。我们看到的是，在当今大众创业、万众创新的集智时代，一个个有理想、有事业心、有能力、有胆识且有闯劲的年轻人，凑钱借钱创业并取得成功的事例，在我们身边天天都有发生，这也正是社会经济蓬勃发展的不竭动力。当然，投资失败血本无归的悲剧也并不在少数，成败与否的问题关键在于，他们是否在正确地做着正确的事情。如果认准了国家实施基本生存保障制度，是一项正义且紧迫的基础设施建设，尤其是这项投入必将产生积极有效的回报，从哪里筹划出这笔哪怕是规模不小的资金，难道是什么了不起的事情吗？仅从产能过剩的现实情况来看，账面的预算约束戏法，怎么看都扼杀了不小的实际潜力，只要增加的供给能被有效的需求消化，结果必然表现为资产负债表上借贷规模的健康增长，并不会增加坏账而加重风险。而且，随着这项制度的实施，原来出于对未来生计不确定性担忧的消除，一些像土地确权和流转工作中的困难将迎刃而解，同时过程会大大加快。难道这不是一个值得深入探讨和慎重考虑的抉择吗？

还有一个认识层面上的问题有必要讲清楚，就算是不违背量力而行的原则，但也要对其中“力”的理解刷新认知。有谁敢想象，截止到 2017 年第一季度，日本国家的债务总额为 1071.56 万亿日元，是其 GDP 的 245%，并没有哪家权威的评级机构据此降低日本的国家信用等级。即便是美国的情况稍好一些，不久前刚通过的20万亿美元政府债务上限，也已超过了其GDP的110%。全球每年数以百万亿美元的金融交易，并没有多少实体经济作为支撑，就像一个随时可能爆裂的气泡，晃晃悠悠惊悚着操盘者们的神经，但与此同时，各个国家也没有显得惊慌失措，依然故我地搞着自己的经济，好像对他们来说，那些虚拟中的现实，不过是数字游戏而已，根本用不着大惊小怪。其实不然，真实的剧情远远超乎一般人们的想象，如果资本游戏是在优化资源配置的名义下，其结果更多的是让精英们的钱袋子鼓起来的话，那泡沫般的债务还是让它的名义承担者们享受到了实惠。当然了，不是没有一点未来风险的。以后的事谁又说的清楚呢，过好眼下才是最重要的。在这里绝没有任何倾向鼓励那种只要今天快活，哪管明日洪水滔天的不负责任的末世心态，而是试图从中受到启发，财富并不是仅仅眼前能看到的那点东西，只要能够获得大家的普遍认同，并对未来抱着美好的憧憬，丰富的想象会成为“力”的无尽源泉。况且，“力”的运用还是在强化着实体经济呢。

此外，在进行这场改革的过程中，完全可以通过有效的政策设计和办法实施，把一些在过去制度环境中的疑难杂症加以解决。之所以能够做到，是因为这一将彻底改变人们生活面貌的“力”，具有强大的牵引作用和引导能力。比如说，城市改造中的人员安置、土地集中化规模经营、撂荒的土地有效利用以及农村公共设施建设等，当住所和土地等安身立命之本，全部都由国家统一按计划负责提供保障的时候，人们还会为了算计以后的生计而拖沓犹豫吗？这也可以看作是一种交换，通过示范引导来完成。谁不向往没有后顾之忧的稳定生活呢？至于以精简高效为目标的政府机构改革，也不会因为人往哪里去的难题，而迟迟难以推动了。从根本上来讲，这是一场涉及全社会的改革，也是一次进一步解放生产力的重大机遇。

思路决定出路：破解三农难题

时光荏苒，岁月如梭。转眼间四十年过去了，改革开放进入了不惑之年。由农村联产承包责任制开启的经济改革，使中国巨龙实现了奇迹般的腾飞，但多少令人感到遗憾的是，与更为亮丽的城市发展相比，农村就好像似一条沉重的尾巴，依然成为拖拽加重着飞向更高的负担。曾几何时，“农民真苦、农村真穷、农业真危险”的警世箴言，在现在看来并不显得多么过时，甚至就作为现实写照来考虑解决方案也不是多么的过分。为什么曾经激发出巨大潜能的联产承包制度，却在今天遇到了瓶颈呢？答案很简单，时代变了。当年，绝大多数人口被束缚在土地上，由于生产力水平低下，超过全国人口一半以上的农村劳动力，每年所能生产的农产品即使按温饱标准还略显不足，“一大二公”的人民公社体制成了改革的突破口。这无疑是对当时历史状况和条件的正确解读，农业生产的特点是，大多数农作物投入与产出间的时间滞后比较长，时间稍短的像玉米、大豆、红薯、中晚稻等秋粮作物也要经过四个月左右，而我国北方最主要的夏粮作物小麦的生长则要长达八个月左右的时间。而且，制约产出的因素比较多，种子、墒情、气候条件、施肥、灌溉、排涝、病虫害防治以及田间管理等一系列内容和活动，无不在影响着最终的产量，再加上分散劳作不易于监管，出工不出力现象无法避免，所有这一切，就给评价劳动者的实际付出和贡献，并按劳取酬出了个天大的难题，大锅饭必然导致的低效率，很难在这样的体制下破解。因此，一家一户承包，管理跨度降到最低，且用最近的亲缘关系解决了责任心问题，一下子巧妙且有效地利用了人性的本能，释放出了巨大的潜能。农村的改革不仅解决了吃饭问题，而且为城市经济改革提供了思路。

2012 年 3 月 13 日，作为世界上百科全书的龙头老大，出版发行了 244 年的《大不列颠百科全书》纸质印刷版宣布停发了。做出这样的决定是因为电子版的百科全书不仅拥有更大的消费群体，而且可以实时更新，这一选择避免了纸质版在印制时就可能已经过时的尴尬。这样的无奈之举，并不是谁犯了什么错误，而是由于时代背景发生了根本性的改变。同样，曾经造就了魔幻般神奇的联产承包制度，又何尝不是如此呢？与改革开放之初的百废待兴相比，完成了工业化时代的跨越，已经进入了集智时代的中国，真可谓是沧海桑田俨然似换了人间。我们看到，三亿多的农民离开了土地，变成了生产线上的产业工人，并因此出现了一部分农田撂荒；各种先进的农业机械，由于分片包干的土地碎片化，其效用得不到充分的发挥；水利灌溉和道路等基础设施建设难以统一规划实施；新增人口变更经营土地中的矛盾，经常会由于跟村干部间关系的远近亲疏变得复杂，甚至有时会激化；缺乏规划的宅基地建设，不仅杂乱无章毫无美感，且过多地占用了土地，通常是耕地良田；偏好各异的农作物种植，对于包括选种育种、病虫害防治以及浇灌等新技术的推广，明显增添了许多麻烦和成本；由于总体上农产品供需状况的饱和，加上不少农民对市场预期的盲目性，一点点供需关系变化的风吹草动，就会造成一些农户当年生活的困难，毕竟大多数农村家庭的底子还很薄，抗风险能力差；数以亿计的年轻人进城，一些留在家里的孤寡老人生活艰难。等等这一切严峻的现实存在，对中国当前普遍采取的小农制经营模式，提出了前所未有的挑战。

实际上，在一定程度上可以说，正是这种分散式经营的小农经济，严重影响着中国的城市化进程。1970 年，美国农业人口已经下降到占总人口比例的 5%，而同期的人均 GDP 是 5100 多美元。日本尽管作为小农制经济的代表，在同一时期农业人口占总人口的比例也不到 10%，且当时的人均 GDP 不过 2000 多美元。中国人均 GDP 已经达到了 9000 美元，即使考虑到不同时期汇率的变化因素，农业人口比例在 10% 左右应该是合理的水平，而目前超过 40% 的比例，怎么说都是个问题。作为一种共识，城市化是解决“三农”问题的根本出路，对这一点很少再会有什么争论了。但应该如何进行呢？尤其是面对城市化如此滞后的现状，如何能够加快这一进程呢？

让种田能手扩大土地的种植面积，以期实现规模化经营的各种探索，已在积极的推进之中，但由于土地流转中方方面面的权利保证和利益协调等问题，以市场机制为主导的讨价还价，使得这项工作的进展相当缓慢，这也就是通常所说的巨大的交易成本吧，损失的是效率和宝贵的时间。出现这样的情况再正常不过了，具有土地经营权的农户们，并不仅仅是想从交易中多获取些利益，更多的是对未来生计的担心，毕竟，土地对农民来说是安身立命之本。历史上，因为土地问题引起的社会动荡，甚至是王朝易主都屡见不鲜。因此，如何彻底消除人们对未来不确定性的恐惧，就成了解开这一症结的关键。谁有这样的能力呢？毫无疑问，只能是国家。当国家通过立法提供基本生存保障，让每个公民自然拥有在这个国土上有尊严生存的权利时，许多在市场环境下的疑难杂症，甚至可能会不解自消了。这一根本性的变革，实际上是站在社会正义的制高点，对国家与市场角色的重塑。在这里，不仅是通过利益格局的调整，改善了社会公平状况，更是在资源运用统一规划、组织效力协同加强以及治理模式优化重构中，让那些彻底从生存压力中获得解放的人，充分自由地发挥潜能，那个总被某些“正统”权威嘲笑为空想的美好社会，将会变为现实。这难道不是执政合法性和正当性的最佳注解吗？

至此，费尽周折的理念和认识层面上的论证基本到位了，该到具体的操作实践中来了，美好生活是奋斗出来的。从大原则出发，首先，在全国一盘棋的指导思想下，以全方位的视野考虑未来经济发展的空间规划布局，在原有产业分布的基础上，进一步清晰定位各个地区的优势和特点，并针对退耕还林、资源枯竭、沙漠化治理、水源调配以及战略性统筹等具体情况，进行保障性投入的总体安排，以期通过这场改革，使国家的产业布局更趋优化，优势潜力发挥更加充分，区域间发展更加均衡，国土效率显著提高。其次，先试点，后推广。在全国范围内，先用两到三年的时间，按照先易后难的原则，以中西部贫困地区为主，根据不同的类型和特色，选取十个左右的乡或村进行试验，总结出成熟经验再大面积推广，争取在十年内全部完成。在试点和推广期间，尚未涉及改革的地区和部门，仍按原体系运行，对于如何避免或控制好并行运行的体系间可能产生的交叉紊乱，要有充分的准备和应对预案。当然了，根据不同地区差异建立保障标准，并以此测算和筹划资金安排，是无须赘述的基础性工作。不管经过最终计算所需保障投入的总规模有多大，有一点可以肯定的是，与具体改革的实践操作中，可能需要克服的困难和必然要付出的努力相比，根本就算不上能够相提并论的挑战。尽管这是一场普遍受益的改革，但观念上的革命依然不可避免。

如果四十年前的改革是以家庭这个最基本单位为对象，那么，这次的目标将上移到乡镇这一政府的最基层组织了。从现实来看，作为直接与老百姓接触的基层组织，乡镇一级政府的地位和角色有些尴尬，与其所承担的任务和功能相比，它所拥有的资源，不管是经济资源，还是政治资源，显然都是不足的。除了少数发达地区，经费短缺是绝大多数乡镇普遍存在的状况，尽管并没有多少重大决策和地方立法的需求，由于上下对应的需要却五大班子样样齐全，职能不全但规模不小的政府人员，使捉襟见肘的财政更是雪上加霜；政府职能因为少有独立授权，在很大程度上像是一个中转站，且由于人员素质有限甚至是低下，存在着不小的效率传递损失。信息革命早已使扁平化管理成为趋势，一些不必要的层级不仅降低着效率，还多出了臃肿有害的利益节点；在人口稀少的地区，更由于缺乏规模支撑，一些破败不堪的乡镇政府所在地，可能只需要换换招牌，直接可以当作西部片拍摄的外景地，且时不时爆出干部贪污侵占群众利益的丑闻。一句话，乡镇一级政府，作为连接农民与国家事务的纽带，在传递国家功能和发挥区位作用的过程中，已经不是一个有效的环节和必须的存在，且效率低下的消耗着庞大的各种资源，其历史定位和使命应当进行根本性的变革了。这一点，正是上文所说不可避免的认识上和观念上的革命。

在建议进行的改革中，并不是简单地取消乡镇这个层级，由县直管村。而是将乡镇这一级政府，转制为承担基本保障功能的国有企业，姑且把它称之为"'三农'集团"。这次改革（以下称为"三农"改革）绝不仅仅是一个简单的翻牌，在这里，政府原有的各项职能和所管理的事务，除根据实际情况需要上移的之外，全部转入“三农”集团。集团总裁是行政业务的最高领导，设立集团党委，其他机构和部门可根据需要并参照一些成功案例进行设置，“三农”集团的财务机构除接管原乡镇财政外，还负责整个的财务计划和运营。“三农”集团不仅承担国家政策保障功能，更重要的是发展经济的职能，除按计划安排农业生产及其以提高效率和效益相关的各项工作外，还负责实施国家布局的民生项目工程，同时开展充分挖掘本地优势的特色经营。当然，教育、医疗以及商业网点等社会性服务是必不可少的内容，且“三农”集团也必然是政治功能的承载主体，毋庸置疑，以经济基础和生存保障作为纽带的组织形式，其政治效率和效能将极大地提高。村级单位保持不变，直接隶属于“三农”集团，至于是成为独立的法人单位，还是“三农”集团的分支机构，可根据具体情况决定。村支部书记和村主任分别是党政负责人，由“三农”集团在充分尊重村民意见的基础上选任。这种高度的组织化建构，那种依仗各种势力横行乡里的现象，将会大大减少甚至有可能从根本上被铲除。事实上，一个社会组织化程度的高低，不仅影响着它的效率和稳定，而且也是反映这个社会文明程度的重要尺度。之所以能够把相对松散的农民纳入正规的组织体系，靠的是基本生存保障的强大吸引力。这样一种提高组织化水平的改革设计，不仅增强了各种规划和计划的执行力，还有一项重大的意义，就是把乡镇一级政府机构，从非直接生产性组织转变成了直接生产性组织。

从华西村、南街村、兴十四村、刘庄等一大批亮丽的乡村经济发展典范来看，虽然他们的条件和背景千差万别，但在依靠集体的力量发展经济这一点上却是共同的，且同时具有一个最重要的共同点，那就是他们都有一个好的带头人。其实，“兵熊熊一个、将熊熊一窝”，这对领头人重要性的生动理解，对老百姓来说可谓家喻户晓。但大多数乡村仍处于落后状况的现实告诉我们，产生这样一些好带头人的运气成分并不是很高。然而，在“三农”改革中，人才的来源是开放的，不会受到党政机关及公务员体制等的限制，主要领导可以面向全国甚至全球进行招聘和选拔。这样一来，如何产生和找到那些优秀的带头人，就不再是一个靠运气来解决的难题了。一个“三农”集团的规模，小的也会有几千人，大的会有几万人，甚至可能超过十万人，且经营着几十甚至上百平方公里的土地、山川及河流，这是多么大的一片天地呀。一定能吸引到无数的优秀人才，在富于无尽想象的广阔土地上，挥洒着汗水、散发着智慧并实现着梦想。随之出现的局面是蓬勃发展的“三农”经济，将创造出巨大规模的就业岗位，失业有可能会成为一个历史性词汇，且由于就近就业的机会增多，蜂拥挤爆大城市的现象，也会得到根本性的缓解。

在“三农”改革中，由于农民是通过向“三农”集团交回承包经营的土地，获取国家提供的基本生存保障，“三农”集团作为国有土地的统一经营管理者，自然形成了土地的规模化经营格局。大型的水利工程、道路、垃圾处理、晾晒场地、学校、幼儿园、医疗机构、养老院以及商业网点等公共基础设施，都将在统一的规划中进行建设和优化。再也不会出现公路上晾晒小麦、玉米等农产品，造成交通事故的风险了。通过区域内合理布局，那些缺乏规划、基础设施落后且过多占用了土地的村庄，将通过充分体现地区特色的专业规划设计和建设，改造成功能齐备、居住舒适以及出行便利的美丽乡村。那些由于缺水少地交通不便等客观困难，不适宜生产和生活的村庄，可以通过整体搬迁，一举改变贫困无解的局面。眼下国内各地方兴未艾的打造特色小镇风潮，刚好为美丽乡村建设提供了有益的参考。农业规模化经营，必然带来专业化分工的深化，生产效率的提高和经济效益的增加，是完全可以预期的。比如在选种育苗、耕种、田间管理、水土保持、施肥灌溉、病虫害防治、收割贮藏以及初加工或深加工等各个环节，普及应用各地成功的经验以及科技发展的最新成果，都将极大地提高生产效率及改善可持续发展的环境和条件。通过优化改造节省出来的土地，是恢复耕种变为良田置换发达地区紧张的土地指标，或是搞养殖场增加收入，或是绿化环境，还是引进各类适合本地发展的项目等，则完全可以根据具体情况和需要来考虑安排。有效土地面积的增加，无论从哪个角度去看，都是求之不得的好事。有了组织化专业化的人力资源，加上专家团队的指导，荒山治理、水利改进、道路改善、小流域治理以及沙漠化治理等许多在过去分散经营条件下，难以大规模开展的工作，都将在集体的力量下快速地完成。一个山川秀美、风景如画且生机勃勃的生态环境，已经不再是遥远的梦想，而是在观念革命中触手可及的未来。

对“三农”改革的意义和美好前景的描述已经足够多了，具体怎么干呢？首先，在摸清家底的基础上转制组建“三农”集团。所谓家底，主要包括人员、土地、资产、原有资金来源，以及经测算确定的基本保障资金的缺口数额。“三农”集团的管理体制是：由中央负责统一指导，并进行总体预算平衡，省级政府管理规划，市级政府作为集团高管选拔任免、考核及运营管控的中心管理环节，县级政府给予配合支持并发挥有效的监督职能。考虑到中国官本位思想还比较深厚的具体国情，为了更有利于吸引人才和便于人员调配，集团的行政级别设定可根据规模和重要程度等因素，以副处、处和副局等级别设置为宜。这样的设计定位，主要是照顾到一些原来乡镇的领导干部，即使不适合做转制后集团的主要领导，也不至于因为降级使用而产生较大的情绪，无疑将相当程度地减少了改革的阻力。不仅如此，极有可能出现的一种状况是，机关里面的处长甚至是局长们，也会纷纷加入这场改革中来大有作为一番，全国几万、如果算上副职达二十万个左右这样富有创造性魅力的岗位，一定会激活死板僵硬的官场的。这难道不是一个希望达成的局面吗？与此同时，积极鼓励和支持中央和地方的大型国有企业，尤其是那些涉农企业，通过资金参股等多种方式加入合作，不仅可以提供大量的资金、技术和市场等生产要素，而且能够带来先进的管理和优秀的人才。一旦条件成熟，还可以考虑民资甚至外资的加入，充分发挥混合经济的魔力。有道是：众人拾柴火焰高，各显其能达三江。

其次，原有乡镇的一些党政职能，一部分转由集团或集团内设机构承接。如党委、人大、政协、纪检、妇联、共青团等部门的工作，全部由集团党委承接，并接受上级党委和县委的双重领导。财政、税收、计划生育、卫生院、农机站、粮站等一切与经济发展和日常生活服务管理工作有关的各部门及单位职能，全部由集团根据需要设置的相关部门来承接。公安部门可以在集团设立派出机构，法院和检察院职能上移。实际上，对未来不确定性的恐惧，往往是一切消极动机的最大根源，摆脱恐惧的缠绕远比消除暂时的苦难更有意义。因此，当基本保障使人们没有生存之忧的时候，不仅社会犯罪率会大大降低，邻里之间的纠缠瓜葛也会大大减少。同时，由于这场“三农”改革，从本质上是使每一个村民由农民身份转变成了国有企业的员工，不仅企业性质的管理将彻底改变承包经营的松散局面，而且，通过个人奋斗获得发展的上升通道更加通畅且宽广了，一个安居乐业文化昌明的生动局面，将不期而至。

还有重要的一点是，“三农”改革并不是对民营经济的排斥，更不会遏制民营企业的发展。在改革过程中，不仅将对已有的民营企业进行有效地保护和支持，而且将会积极创造条件鼓励民营经济的进一步发展。实际上，基本保障就像一道防火墙，当人们对创业冒险失败的后果没有什么顾虑的时候，创业的欲望和行为会更加积极。从根本上来说，“三农”集团是国家提供基本保障的载体和通道，以完成国家计划为主要目标，所从事的粮油、蔬菜、畜禽、水产、林木等农林牧渔业生产，以及关乎国计民生类产品的有计划生产，属于战略性基础保障类的任务功能。通过对国土的有效开发和利用，实现整个生态环境价值的提升。至于竞争性产业，只会作为适度的补充。通过积极鼓励和支持民营企业的发展，除了增加税收和就业以外，土地收益将会成为集团收入的重要补充。我们将会看到的是，通过“三农”改革，在极大地促进社会公平的同时，落后的农村不仅将变成人们休养生息的迷人田园，而且也会是置产兴业的沃土。

另外，在这里有必要回答人们不可避免会产生的顾虑，即“三农”集团会不会像曾经的人民公社一样，成为一个新的官僚机构而效率低下呢？这的确是一个值得高度重视的问题，如果不能在这个问题上给出满意的答案，这样的顾虑还真有可能成为现实。在集智时代，信息不对称的现象已经可以通过大数据手段，得到有效地解决。不过，国有企业经常看到的机构臃肿、人员冗余以及人浮于事的现象，还是需要从一开始就严格防范。如果在初期转制必须接收的人员属于无奈之举的话，这一部分超额人员作为存量只减不增，能够通过岗位调整人尽其用最好，如若不能，是安排提前退休还是慢慢通过时间来消化，应该都不是多么难解的问题。重要的是，建立现代企业管理制度，在精干高效的原则下进行机构设置和定岗定编，实行严格的预算管理。每个人都有明确的岗位、明确的职责、明确的目标以及明确的工作量，严格的管理制度和考核体系，刚性的预算约束，使任何工作中的过失，都有责任的具体承担者。由于“三农”集团所从事的生产经营活动的内容并不复杂，上级部门完全有可能根据国家总体计划安排和当地实际情况，制订科学合理的规划和计划，建立有效的管控考核体系，通过目标管理、计划管理以及预算管理等方式，加上信息披露制度的采用及监督审计等有效措施，不仅能够保证各项计划任务的完成，而且一定可以避免效率低下状况的再次发生。其实，人们应该清醒地认识到，“三农”集团是一个新型现代农业企业，将会极大地减少甚至有可能完全避免发生信息缺失下讨价还价难以追责的情况，那种对重蹈人民公社覆辙的担心和顾虑的基础及背景，已经发生了根本性的变化。况且，在“三农”集团初创时就开始认真对待这一问题，并进行严格地防范，那种尾大不掉的局面将很难成为困扰后世的现实。

最后，如何来具体落实和推进这场史无前例的“三农”改革呢？显然，那种一刀切的做法应绝对避免，一定是在充分考虑各地具体实际的基础上，通过缜密设计，反复论证，有计划按步骤积极稳妥地有序推进。“三农”改革一定是一个循序渐进的过程，而且一定是外部推动与内在需求目标一致的过程。如果一些发达地区原有模式更适应发展的需要，就没必要多此一举了，也可能两种体制的平行竞争，将产生一种交相辉映的局面，改革本身就是为了更快更好地发展。毕竟，这场改革涉及每一个人，将会发生天翻地覆的变化。因此，将选择从落后地区开启改革，先在中西部的不同地区，选择一些具有典型代表性意义的经济落后乡镇，作为改革试点。尽管这场改革必将使每一个农民受益，但一下子让所有人都认识到，并不一定是一件简单的事情。因此，要通过耐心深入的宣传教育、典型示范和政策引导的方式，让农民心甘情愿地加入这场改革中来。可以考虑根据农户承包经营的不同状况，给予差别化的一次性适度补偿。通过两到三年的试点工作，当农民们看到经过“三农”改革的村庄和乡镇，生活、医疗有保障，老弱病残得到妥善照顾，子女就学方便，就业充分，环境优美，社会和谐，农林牧副渔业等各具特色，到处是一派欣欣向荣的景象，那些向往幸福生活的千家万户，一定会积极踊跃地加入改革中来。实际上，中国的一切问题，从最根本上来说是农民问题。伴随着“三农”改革的完成，脱贫攻坚的目标将更加顺利地实现，农村城镇化的过程也将随之完成，“三农”问题也得到了彻底破解。美丽乡村中那种悠然见南山的田园生活，或许会成为每个人的向往。

本固则邦宁：城市解压

比起在命根子上动手术的“三农”改革，城市的改革根本算不了什么，因为并不需要人们付出什么代价，而是一个单向增加福利的过程。那么问题是，这项将使人们普遍受益的城市改革，难道有必要那么迫切地进行吗？这里就让事实来说话吧。经过改革开放以来近四十年的快速发展，城市面貌发生了恍如隔世的变化。许多城市看起来一点儿也不比发达国家的差，高铁作为中国亮丽的名片，更让许多外国人羡慕不已。现代化的新机场，四通八达的高速公路，一座座令人眼花缭乱的大型立交桥，一片片高档的写字楼和居民小区，气派的城市广场，不断升高的城际线，无不使人产生高大上的惊叹。无论怎么看，硬把自己定位成发展中国家，都感觉是一种过分低调的谦虚。但是，透过美轮美奂的繁华景象，当把目光从星空转回大地，聚焦到城市中那些不管是追寻梦想，还是只为讨生活的人们时，那种并非是个别现象的焦虑、无奈甚至愤懑情绪，成了影响社会稳定的消极根源，令人深深地感受到，“改革永远是进行时”这种认知内涵的精辟。

在住房、教育、医疗、养老以及外来务工人员享受平权等一系列问题当中，毫无疑问，住房问题是当前矛盾的主要焦点。应当说，从总体上来看，这些年来住房制度的市场化改革，以及把房地产开发建设作为拉动经济增长的重要力量，的确取得了相当大的成果，巨大的产业链创造了无数的就业机会，并为GDP贡献了数万亿的产值，同时，老百姓的住房条件得到了根本性的改善。但是，放出笼子的老虎，再把它关回去并不是一件容易的事。由于早期对房地产业发展规律认识的不足，缺乏从政策层面的有序引导，造成了当前骑虎难下的尴尬局面。政府对土地收入不断加剧的依赖性需求，预期房价永远会涨的恶性炒作，加上房地产商的推波助澜，高企的房价成了许多家庭的噩梦。房子甚至被当作阶层划分的一个重要标志，一时冲动的幸运或犹豫的不幸，竟然使得日后的境遇冰火两重天。有房的人俨然进入了中产阶层，尽管兜里并没有多少活钱；而无房的人则无疑成了悲催的屌丝，万般无奈毫无信心地指望着房子降价。这样戏剧般的现实处处可见，心理的失衡化为了对社会的怨愤。可不是吗，绝大多数人认为应该大幅度降下来的房价，会增加多少银行的坏账，降低多少政府的收入，减去多少开发商的利润，个中的利益攸关又有谁能够体谅得到呢？更不用说那些待价而沽的炒房客，以及按月支付按揭的房奴了。房价问题现在真的成了一场多方博弈，牵一发而动全身。

实际上，房子问题已经引起了最高领导们的高度重视，房子是用来住的，不是用来炒的。这绝不仅仅是一句口号，而是行动。政府廉租房的建设正在推进，只不过这项工作开展的力度和速度，与人们迫切改变现状的期望，有着不小的差距，且有人还担心，这些资源会不会又成为某些特权者的禁脔。看来，加大力度快速推进廉租房的建设，并让房源的分配成为阳光工程，是从根本上彻底改变局面的关键。在这里需要进一步地明确一个重要观念，享有居住权，绝不是出于谁的好心、善意或恩赐，居者有其屋是每一个中国公民的基本权利，国家有责任和义务提供包括居住在内的基本生存保障。国家通过大规模廉租房的建设和依规有序的分配，明确在一定期限内全面解决住房问题的决心和规划，让人们彻底破灭炒房投机赚钱的幻想和奢望，房地产市场将会在对未来的确定性预期中，平稳地消化掉潜在风险回归理性。这里并不反对普通商品房领域的健康发展，富裕起来的百姓追求更好的生活，自然是经济发展的根本目的。只是，任何社会都会存在形成原因各异的弱势群体，提供基本生存保障，促进社会公平，是人类文明发展到一定阶段的必然要求。当然，居住标准和享有条件等政策的制定，将与就业、社会治理及城市规划等密切相关，随人流动且与收入水平挂钩的基本保障配额，无疑会使一些工作变得复杂和具体，同时还要考虑到农村经过“三农”改革，有可能会出现的人员返流现象。所有需要面对的考验和挑战，都不会阻碍居者有其屋这一目标的实现。不管是通过大规模的旧城改造，抑或是结合城市周边的新农村建设，还是由政府介入将大量的空置房激活利用，当房子不再是压得喘不过气的一座大山时，充满获得解放感的人们，洋溢在脸上和眼神中的轻松自在，会让城市变得亲切友好起来。而且，一个重要的积极结果将会是，由于居住成本的大幅度降低，工资的刚性标准也会降低，无疑企业的竞争力将会增强，必然带来城市竞争力的提高。

对于医疗资源短缺的问题，其核心是优质医疗资源的短缺。这里并不准备讨论医疗制度改革，而是从技术发展、共享和专业分工的角度，探讨通过提高现有医疗体系的效能，来改善医疗资源短缺状况的途径。随着 AI（人工智能）技术的不断发展，像翻译、会计师、律师以及医生等一些技能和经验要求并重的职业，专家们的工作被智能装备替代的趋势越来越明显，而且从学习能力和发挥过程稳定的方面来看，机器远远胜过了人类。Alpha Go 压倒性地战胜了世界围棋冠军，人们早已从最初的惊悸，转为了对未来的期待。尤其对医生这个职业来说，不管是看片子，还是检查指标的对比判断，甚至包括做手术，AI 都比人更胜一筹。更为重要的是，如果一个优秀医生的培养至少需要15年，那么AI应用软件复制的时间几乎可以忽略不计，不仅AI的知识容量无限，且数量同样可以是无限的。届时，看病都能找到好大夫还是什么难事儿吗？这是科技发展带给人类的福音。如果这一美好愿景的实现，还需要一点时间的话，眼下一些力所能及的改变，就能一定程度地提高现有医疗资源的效能。比如说，将一些指标长期有效的检查环节从医院分离出来，集中使用和管理，对于像CT、B超、核磁及超声心动等那些暂时稀缺且比较昂贵的设备，可以采用三班倒工作制度，以提高设备的利用率。这样就避免了医院里下班做不了检查导致的设备闲置，且集中使用和管理不仅提高了规模效率，也强化了专业维修和保养能力。检查的结果在指标的有效期内通用和共享，是这一改革的关键。这样一来，不仅在相当程度上提高了就诊的效率，而且，将有助于避免医院有可能为了多赚钱，让病人做不必要的重复性检查，既增加病人的麻烦和负担，又耽误时间和浪费资源的状况。当然，这样的改革，毫无疑问减少了医院一块大的收入来源，阻力一定不会小。同时，建立有效规范的管控体系及合理调整利益分配，是必不可少的工作内容。再就是，通过大数据技术的应用和利用网络开展远程医疗，可以使医疗水平落后的地区，不用千里迢迢地跑到大城市排队，就能得到名医就诊和治疗。我们不是总喜欢拿印度做对比吗，他们也有值得我们学习的地方。印度的眼科手术费用仅是美国的十分之一，就是他们采用了工业流水线的模式，最优秀的医生只做最难的部分。实际上，如何最大限度地挖掘潜力，提高优质医疗资源的利用效率，除了技术层面的问题，更重要的可能是以利益为中心的制度设计以及体系化的建设。其实，一个好医院，除了名医多医疗设备先进以外，以护理体系为重点的医疗管理制度，同样是影响医疗水平高低的重要因素，不是常常听到“三分治疗，七分护理”的说法吗，尽管可能有点儿夸张，但也不无道理。因此，在各级医院加强推广实施有效的医疗管理制度，将是医疗水平提高的一个捷径。随着 AI、大数据及远程医疗等应用的深入和普及，包括偏远地区在内的中小医院，会接治更多的病人，并在更多的训练中提高水平。技术发展、专业化分工加上有效的管理，解开医疗资源短缺的困境，应该为期不远。当然，如何通过包括药品生产和销售体制在内的医疗制度改革，不仅解决看病难，而且解决治病贵的问题，还是需要一个不断探索的过程，由于不在本文讨论范围，这里不再赘述。

教育资源短缺的解决思路，与医疗问题有些类似，但稍有不同。实际上，我们已经进入了集智时代，教育模式正面临着一场根本性的变革。面对面进行知识传授的方式，那种围墙内兵营式的学校，或许不久将成为历史。人们或许会问，到学校里上课可以培养集体主义精神，增强纪律性，听不懂的可以当场提问，做实验，考试，体育课，以及课外文艺活动等，这些都能够被新模式替代吗？回答不仅是可以，而且一定会将做得更好。先从教学环节说起吧，课堂上的任何内容，都会被经过评选的最优秀老师的课件视频替代，等于上了最好的学校，提问互动等对技术来说根本不是问题，且听不懂的可以反复听，直到听懂为止。做实验同样可以通过互动性很强的视频来进行，随着 VR 技术的大规模应用，效果将会更真实如身临其境，各地对学生免费开放的科技馆，当然是现场体验的最佳场所。考试就更简单了，各级各类可随机抽取的题库，随时可以进行答题。怎么解决作弊问题呢？这可能是现有模式下的积弊，即使将来主动性求知的自律不会很快成为现实，集中进行测试等解决办法多了；其实，真正有必要考虑解决的问题倒是，小学低年级孩子需要有人管理的问题。办法并不难，可通过社区建立集中场地，派专人进行管理。就近学习不仅省去了来回路上花费的时间，且孩子们更加安全又减少了车辆拥堵。至于体育、文艺、纪律性及集体主义教育等，以社区为中心来完成所有这些职能，没有什么是做不到的。只是，我们被传统和现实尘封的太久，对未来的想象总是抹上了太多今天的色彩，文凭在未来还会像今天这么重要吗？会不会是一个历史性的概念呀？考名牌大学还会像今天是每个家长和学生的目标吗？还会有出国留学这样的事情吗？学制还会是学士四年、硕士三年以及博士三年等像今天一样吗？教育公平还会成为社会矛盾的一个焦点吗？这些在今天的现实中很重要的事情，或许都会成为历史。一想到20世纪八九十年代电视大学还培养出了那么多优秀的人才，对集智时代中的教育还有什么不敢遐想的呢？科学技术的不断发展，会不经意地降低着一道道人们追求幸福生活的门槛。随着时代的改变，有些困扰甚至是折磨我们的问题，可能会消失得无影无踪了。

老龄化社会的到来，是随着人类文明的发展，每一个富裕起来的国家必然要面对的现实。事实上，养老问题在发达国家早已成型了各具特色的制度和模式。从养老金来源的方式来看，主要有以美国和德国为代表的社会保险型，以英国、瑞典及加拿大为代表的福利保险型，以及以新加坡和智利为代表的储蓄保险型等三种模式。另有一种以房养老的模式在我国刚刚出现不久，问题不少，进展并不顺利，还在实践探索中。从养老生活的具体形式上，又分为家庭养老、居家养老以及机构养老三大类。至于还有分的更细的像互助养老、旅游养老、候鸟式养老、异地养老以及乡村田园式养老等，在很大程度上是养老产业发展深化的结果。所有这些成熟或成功的经验，都可以拿来借鉴，但这些并不是本文讨论的重点。有钱怎么都好办，完全可以自由选择，安享晚年的愿望实现起来并不难。在这里关注的焦点是那些弱势群体，如何使他们的晚年过得幸福，或至少使他们免于陷入悲惨境地。当然，不管生活条件怎样，要是家庭养老能够实现，毫无疑问是一种最好的情况，毕竟亲人们的照顾一般谁也比不了。但如果子女不在身边，或由于上班白天无法照顾，且老人不能完全自理的话，以社区服务为中心的居家养老，将会成为优先选择。实际上，这样的工作已经在不少地方程度不同地开展了，由社区管理的护理人员和志愿者，通过上门服务或在服务站日托护理等不同方式，对老人进行照顾。应该说，这些做法确实解决了许多家庭的后顾之忧，取得了相当的成效。但总的看来还处于初级阶段，且经常会受到由于经费不足带来的人员紧张的困扰。可以考虑把享受基本保障的群体组织起来，以适当补贴方式让他们加入社区服务中来。再就是国家通过立法或制定政策，让年富力强的人利用业余时间照顾老人成为一种义务和制度，建立时间银行把他们照顾老人的工作量进行积分累积，以换取他们本人年老时或其亲朋好友的养老服务和其他照顾需要。这样一来，将有更多的人参与养老事业中来，不仅解决了人员不足的问题，也会通过爱心付出的体验，在目睹人生走向终点的感悟中净化心灵。另外，将老人的托管与幼儿的托管结合起来，可能会是一个值得的尝试，如果能和自己的孙辈们在一起，那就更好了。老人最怕孤独，这也许是另一种方式最好的临终关怀。还有，集智时代中大数据技术的应用，将会对老人的照顾更加体贴入微。只要真的心到了，就是温暖和幸福。

至于外来务工人员享受平权的问题，有点像一堆人挤公共汽车，上了车的人希望赶快把门关上，感觉车上已经拥挤不堪了，说实在的车上的确已经够挤的，而车下面的人才不管车上挤不挤呢，总是大喊着把门打开，让我们上去。这样的现象和问题，从根本上来说，还是由于资源短缺的原因造成的。按理说，我们已经进入了集智时代，并挺立在了第三次浪潮的潮头，怎么短缺这种在工业时代应该消灭的现象，在今天不仅存在，甚至在个别领域还相当的严重呢？没错，这正是中国实实在在的现实，高高扬起在集智时代的头，拖着一条还在工业时代，甚至是在农业时代中的尾巴。抓紧清理前集智时代的拖欠，还是一项蛮重的任务，真是不敢有丝毫的懈怠。伴随着这场改革的完成，当生产力进一步获得更大的解放，资源与需求之间的矛盾大大缓解，可能这一问题真就算不了什么了。但远水解不了近渴，画的饼充不了饥。这里实际上是对未来的信心问题，如果确信美好的蓝图一定会在不远的将来实现，为什么不现在就采取行动呢？甚至连明天的蛋糕，也要按照今天的既得利益格局进行分享？难道这样的逻辑是天经地义的吗？实际上，这场改革本身就是行动，促进公平正是这场改革的重要目的。只要下了决心并付诸行动，还有什么愿望实现不了呢？

谓我所求：初心荡漾的精神家园

一个迅猛崛起中的大国，在外部遇到的麻烦不仅会越来越多，而且会越来越棘手，其内部通常也会是躁动不安的。今天正在上演的这幕历史大剧，与以往相比，显然多了一个更加特别的剧情，那就是，在西方国家看来，比修昔底德陷阱更令人感到头疼和烦恼的是，这个势不可挡的崛起中的大国，不仅肤色、种族、文化、制度等与自己不同，竟然连上帝都不信。在早年的贫穷落后中，像拿破仑说过，中国是睡狮，醒来将会震撼世界，以及汤因比讲过，21 世纪将是中国的世纪，所有这类让中国人备感安慰的话，并没有几个人真正当回事。即使是“中国威胁论”开始甚嚣尘上，在很大程度上，也是由于苏联的解体，一些深怀偏见、别有用心且语不惊人死不休的挑唆性言论，正好迎合了美国军方居安思危及争取预算的双重心态。但是，当2009年，马丁·雅克在《当中国统治世界》中，以严肃且严谨的学术角度，令人信服地将一种趋势展现给大家的时候，西方社会过去那种不过是让好面子的中国人自我陶醉的心态，才变得认真起来。尤其是当曾经蔓延成灾的腐败被有效治理，资本怪兽也开始服服帖帖的时候，各种从内部崩溃的因素越来越经不起推敲了。因此，管它能不能起作用，一种本能驱使也不能坐以待毙，不管是从正统经典推导这种模式的不正当性或不可持续性；抑或是像包括“双反”、投资设障以及不承认市场经济地位等各种形式在内，在贸易投资等领域设置种种障碍；还是在像朝鲜半岛、东海、台海或南海等地区挑起冲突制造各种麻烦；甚至不惜以武力相威胁。这些都应当完全是在预料之中的，毕竟几百年来已内化为人们的一种思维架构和生活方式，将有可能在不远的未来发生颠覆式的改变，怎么可能泰然处之呢？没关系，对中国来说，这还真算不了什么，比这严峻不知多少倍的困境都经历过了，今昔巨变早已添足了不知多厚的底气。能打败你的只能是你自己。

对，真正的问题还是在内部。具体来看，内部问题大致可分为三类。一是不少深受西化思想灌输的精英们，宁肯死守教条，无论怎样都不愿正视实践，更意识不到那些理论所依托的时代背景，已发生了深刻的变化。当代西方话语体系的背景底色是资本主义，是工业时代的战利品，说的再精致，本质上是资本的代言人。现在已经进入集智时代了，资本扮演主角的时代结束了，人类获得彻底解放不再是一个遥不可及的理想，完全具备条件踏上变为现实的征程。如何进行理论上的迭代超越，的的确确成了一个迫切的现实问题。把那些自以为怀璧其罪的书呆子视为第五纵队的看法，未免过激且荒唐，但他们作为当代的堂吉诃德，倒可能更恰如其分一些。二是激进的民族主义者们，感到国家终于强大了起来，古老的基因让他们血脉贲张，是时候一雪前耻了。更有甚者，帝国的思维不自觉地蔓生起来，这个海峡，那个群岛等，似乎全球的战略要冲都应当进行部署。岂不知，中国的人均 GDP 尚未达到全世界的平均水平，那种把趋势当作现实开始狂欢，难道不正好落入了圈套？不仅难免苏联悲剧的再次发生，而且与我们共建人类命运共同体的理念南辕北辙，何以承担历史赋予的促进人类共同福祉的使命？战略错位不仅是极其危险的，往往可能是致命的。三是对产权有效保护的弱化甚至是缺失。随着各地经济的快速发展，实力的不断强大，项目和企业似乎不再像过去那样，被政府呵护有加了。当然，那种以“唱红打黑”名义的明抢虽属极端个例，但动辄抓人封厂的现象倒是时有发生。资本外流、投资移民的增多，多是对这一法治环境不确定性的反应。好在，情况出现了重大的转机，中央意识到了问题的严重性，明确强调严格依法对合法产权和企业家进行保护，刚刚不久前最高法重审顾雏军案，正是对这一决心的最佳注解。必须清醒地认识到，即使是在集智时代，尽管稀缺性越来越不是约束的主要特征，但企业家依然是重要的稀缺资源。发展的道路还长着呢，集智是需要通过企业家组织并实施的。

一般来说，一种制度的优劣，理论上可以从它所产生的秩序、效率、活力以及可持续性等方面进行分析，并最终根据实践结果进行检验。从这个逻辑来看，中国真是够委屈的，不管照此体检指标多么正常甚至是优秀，但到了西方的话语体系中，一定是病魔缠身，非得动大手术不可。这并不仅仅是由于意识形态不同或利益冲突，就能完全解释的了的，看来，真是到了必须理论创新的时候了，或至少从源头上，对一些关键概念和逻辑进行一次正本清源。尤瓦尔·赫拉利在他的另一部同样出彩的著作《未来简史》中不无洞见地注意到：“民主投票通常只适用于一群有共同关系的人，比如有共同的宗教信仰或民族神话。这些人早已有基本的共识，只是仍有某些异议尚待解决。”从这个角度来看，中国实行民主投票的条件最合适，既没有宗教之争，也没有尖锐的民族冲突，且文化向心力非常强。只不过由于历史性的原因，很遗憾，这种方式并没有成为现实，这一点在上卷第三章第三节中已有详细论述。实际上关于这个问题，早在 2008 年奥巴马当选总统时，就有一种对 2050 年后美国民主制度能否继续有效运行的悲观忧虑，因为到那时根据预测，白人将失去在人数上长达几百年的多数地位。身边不就有一个鲜活的案例吗，南非自从 1991 年废除了臭名昭著的种族隔离政策，1994 年曼德拉当选总统后，还有过一个白人当选总统吗？这些难道还说明不了问题吗？并没有什么可以拿来作为标准去衡量是非的制度，连美国人自己都在焦虑着几十年后的困境，却有些人非以此来质疑中国执政权力来源的合法性，如果不是无知，那一定是别有用心。看看都什么年月了，还像个卫道士似的摆出一脸无辜的神圣。

即使退一万步来讲，如果某些人一定要把中国当前的政治体制称为一党专制，可以肯定地说，这样做更多的是出于政治上的考量，根本谈不上是对现实的尊重，压根儿就是一种对历史性进步的视而不见。对西方社会来说，在暴力、继承以及人民的同意（通常是通过普选被认定）这三种权力来源中，只有最后一种被认为是现代社会权力的合法性来源。但是要知道，民主制度能够有效延续的一个最核心问题，是权力执掌者的定期平稳更替，这一点中国已经从邓小平时代开始就做到了。其实，关于权力的来源，还有一个一直被膜拜，被当神话一样传说，但却并不怎么再被关注的形式——禅让。古往今来，尧、舜、禹之间权力的禅让，作为中华民族的美德千古传颂。然而，王莽、曹丕、司马炎、高洋、杨坚以及赵匡胤等，又让禅让成了篡位的代名词。但是，从某种意义上来说，今天中国最高权力的传承交替机制，倒真有点像是尧、舜、禹禅让制的现代模式，这或许是中国特色的一个重要组成部分。况且，整个过程都是在法治框架内，按照严格的程序完成的。更为重要的是，作为接班人来源的主体，中国共产党是一个开放体系，并不是以某种特定身份画杠设槛儿的封闭俱乐部，所以说，再用专制来形容这样的统治体系就显得不合时宜了，所谓专制通常是具有极强的排他性的。在这样的一个开放体系中，通过现代式禅让进行权力的平稳有序且有效的更替，难道合法性或正当性还应当再受到质疑吗？从历史中寻找智慧，是上苍对中华民族的偏爱，祖先们留下来的遗产真是太丰厚了，许多经过艰难曲折的探索创新，不过是遥远的历史在今天的回响。

事实上，对美国来说，宪法在保障公民权利，并使国家充满活力方面所起的作用，远比看似关键的两党制选举要重要得多。不管当选者的权力来源多么正当，权力运用中的任何不当行为，将被以几乎不计成本的方式加以追究，至于那些试图掩盖罪责的伪证行为，更会成为难以逃脱的重罪。美国人始终把国家视为随时有可能侵害自己利益的利维坦怪物，他们坚信孟德斯鸠对当权者的告诫，即一切拥有权力的人都有滥用权力为自己谋求私利的倾向。因此，她的开国元勋们从一开始就花了大精力，在宪法这一最基础层面上，筑起了权利保障的坚固防火墙。每每我们看到，在事关以宪法所集中代表的国本这样的大是大非问题上，美国人可从来没有含糊过，这大概是其长期保持繁荣强盛的一个极为重要原因吧。这一点倒真应该是最值得我们学习的地方。

眼下流行着一种观点认为，只要不发生重大意外，再经过几十年的和平发展，中国一定会成为世界一流的现代化强国。在这里所说的重大意外主要是指两方面的担心：一个是讲的国际环境，会不会恶化到出现伴随着外来入侵的大规模战争；另一个是讲国内，会不会再次发生“文革”式的动乱。毫无疑问，这两种情况，无论出现哪一种，都将是一场结果难料的灾难。也正因为如此，人们总是会尽其所能去避免的，所以，发生的可能性并不大。尽管如此，人们之所以会产生这样的担心，也并非是小题大做，如果说大规模战争是否会爆发，并不一定完全可以由自己所管控的了的话，但“文革”的一些遗毒，却好像从来没有彻底地肃清过，总有一种隐隐不安的感觉，似乎那场不堪回首的噩梦，说不定什么时候会卷土重来。何以至此呢？事实上一点也不奇怪。当那场“唱红打黑”风头正酣时，一批打了鸡血似的各色人等，一个个摩拳擦掌上蹿下跳，颇有一番魂兮归来重整河山之景象，“逼供信”死灰复燃，活脱脱的“文革”再现，大有席卷全国之势。虽然这场现实表演时间不长，但其在西南一隅轰轰烈烈之势，且有不少各地的拍手称快者，看了真是让人不禁心惊肉跳。当伴随着反腐斗争结束了这场闹剧，那些摇旗呐喊推波助澜者，并没有从大是大非的层面上受到什么清算，而是依然故我招魂怪论频出，随时等待着伺机而动。此情此景，山河故人，难道“文革”离我们真的很远吗？再就是那种站队拍马式的跟风表演，千篇一律的八股式歌功颂德，一下子冒出一堆紧跟形势的研究中心，学术变成了权力的奴仆，媚态百出的各种花样简直令人作呕。大国领袖的丰功伟绩历史自有评说，那些心怀鬼胎地讨好献媚，实际上是一种玷污。一个国家要想赢得世界的尊重，除了硬实力之外，更需要不断产生具有影响力的伟大思想，洋奴和家奴不仅无济于事，实为国之弊害。一旦小人得势，君子只得避之，劣币驱良币当是国之大忌。

1945年7月4日，在延安杨家岭一间普通的窑洞里，黄炎培极为坦诚地说道："我生六十多年，耳闻的不说，所亲眼看到的，真所谓'其兴也勃焉，其亡也忽焉'。一人、一家、一团体、一政党、一地方乃至一国，不少都没有能够跳出这个周期率的支配力。大凡初起之时，都是艰难困苦，聚精会神，没有一事不用心，没有一人不卖力，力求从万死中求得一生，因而无不显得生气勃勃、气象一新。及至环境渐渐好转了，精神也就渐渐放下了。有的因为历时长久，自然地惰性发作，由少数演变为多数，到风气养成，虽有大力也无法扭转，并且无法补救。一部历史，或政怠宦成，或人亡政息，或求荣取辱，总之没有跳出这个历史周期率。国民党初起时，不也是一个万众瞩目的革命政党嘛！共产党会不会重蹈前人的覆辙？希望贵党能够找出一条新路，跳出这个历史周期率的支配。"对黄炎培的这一番肺腑之言，毛泽东回答道："正所谓'君子之泽，五世而斩''富贵不佐三代'，也包含了先生你讲的这些道理。我们共产党已经找到了新路，能够跳出这个历史周期率。这条新路，就是民主。只有让人民来监督政府，政府才不敢松懈；只有人人起来负责，才不会人亡政息。"这是多么令人荡气回肠的时刻呀！遗憾的是，不管是由于新中国所面临的恶劣环境所致，还是由于权力的腐蚀性太强，民主这一法宝并没有得到有效的运用，反而是一场场政治运动终以十年浩劫走向了极点。前事不忘，后事之师。其实，在现行的政治架构中，并不需要大动干戈，在党政效能已经十分强势的背景下，只要更加积极地发挥早已运行成熟的人大和政协的作用，便能有效增强民主的作用。比如说，在地方党政主要领导干部的选拔任用上，赋予人大和政协审议通过的权力，并建立问责弹劾制度，使其真正承担起对权力使用的监督职能。同时，广开言路，要相信绝大多数关心国是的人是爱国的，批评的意见往往要比经注式的唱赞歌有价值得多。只不过，真是迫切需要进行理论创新了，对一些貌似经典的陈词滥调，好像还真没有多少令人信服的超越。结果是，不让说话总是会给人理亏的印象，而且，没有因言获罪的恐惧，能够自由表达畅所欲言的社会氛围，恰恰是民主实现的一种极为有效的方式。实际上，民主对政治生活而言，就像阳光和空气对人的生命一样重要。只要真正坚定了这一理念，完全有理由相信，牢记初心的执政党，通过对民主有效实现方式的积极探索和实践，中国将不仅是一片不断见证经济奇迹的沃土，而且必将是一个风清气正、政通人和的精神家园。

尾声

浩瀚无垠的宇宙中，飘荡着形形色色数不清的星球。但迄今为止，除了孤零零的地球之外，并没有发现生命的存在，这是多么奇妙的一幅景象。试想一下，按照科学家的研究结论，地球的形成不过是几十亿年前的事情，这里需要注意的是，时间的长短是人类发明的一种计量技巧，对宇宙而言是没有意义的。那就是说，从可能性上来判断，地球不应该是唯一存在过生命的星球，只不过一些曾经出现过生命的星球，她们又毁灭了，或生命又消失了而已。那么，她们又可能是什么原因消失的呢？如果不考虑科幻中星球大战的因素，无怪乎是以两种方式发生：一种情形是，那些生命物种还没有进化到足够的高度，其赖以生存的星球发生了灾难性的环境变化；另一种情形是，主宰那些星球的生命物种的自我毁灭。这后一种臆测，怎么看起来有点像我们地球上正在发生的事情。难道只要有生命的存在，就一定意味着财富和资源的争夺？在宇宙已知的星系中，就这么一个存在生命的星球了，难道最终还是逃不出自我毁灭的命运吗？

如果人类早期由于生产力水平的低下，为了自身的生存你争我夺甚至相互杀戮，实属迫不得已情有可原的话，那么，在进入了集智时代的今天，为产品寻找市场早已成为各国政治家的一大营生，发达国家的几乎所有危机都与过剩有关，但贫困依然是数以亿计生命的梦魇。出生在不同的地方，甚至相同地方的不同家庭，从一开始就决定了你是进了天堂，还是下了地狱。人们是那么的心安理得，契约、产权、公民、财产、海关、法律以及议会等，一切人类创造出来的概念和制度，把所有可能给良心造成不安的现象和事实，伪装得简直是天衣无缝，似乎那就是自然的安排和秩序。不仅如此，合法性和正当性这两个词汇，倒是经常被用来指手画脚那些己所不欲的事物。人类文明不是一直在向前发展吗？怎么还是显得如此堕落不堪呢？原因何在呢？稍加思考便不难找出答案，原来，人们的意识进化水平还停留在工业化时代，思维模式并没有跳出资本主义的窠臼。说到底，一个个看似权倾天下的政客和金融大鳄，充其量不过是资本的奴隶和卫道士。自由不仅是人类的基本诉求，同样也代表了资本的根本要求。非常巧妙的是，人类的自私本能，高度契合了资本贪得无厌的本性。毫无疑问，这一人类发展到一定阶段的异化产物，资本及其衍生品资本主义，在战胜封建以及完成工业化的过程中，的确起到了举足轻重的作用，可以说出色地完成了自己的历史使命。但如果在背景已发生深刻变化的集智时代，资本依旧像过去那样横冲直撞，不出现大麻烦才怪呢。令人遗憾的是，资本依然在西方发达国家中唱着主角，资本主义还是主旋律，这也正是乱象丛生的根本原因。指望资本或资本的代言人，通过自身的革命完成对人类的救赎，看来是不现实的。时代呼唤着一个承载人间大爱的崭新角色，带领人类走向幸福的彼岸。

做足了五千年准备的中国，又一次来到了世界舞台的中央。当然，应当清醒地认识到，尽管经历了几十年的快速发展，奇迹般的从一个贫穷落后的国家，一跃成为全球举足轻重的制造业大国，且继续保持着活力无限的发展势头，但与发达国家还存在着一定的差距，内部也存在着不平衡不充分的问题。不过，这样的现实并不是我们推避责任的理由，相反，如果把解决中国自身问题的过程，作为解决世界问题的预演，将会起到事半功倍的效果。实际上，中国问题本身就是世界问题。在以公平为导向、“三农”改革为核心的一系列改革中，生产力将进一步得到解放，政府机构将更加精简高效，国土效能将极大地提高，实体产业将不断地巩固强化，弱势群体将得到更好地照顾，社会将更加和谐，且通过“一带一路”战略的实施，与世界更加紧密地融汇到一起。一个山川秀美欣欣向荣的中国，将以更加开放包容的姿态、更加独特的魅力，屹立在世界的东方。到那时，不仅是中国自己，而且将带领整个人类，跨越卡夫丁峡谷。人们或许会问，这会是一个遥不可及的未来吗？不会，中国的跨越十年足矣。再加上二十年，将完成中国带领整个世界的跨越。与漫长的人类历史相比起来，难道不是只差了一步之遥吗？

泊 远

2018 年 1 月 23 北京

图书在版编目（CIP）数据

跨越卡夫丁峡谷，中国准备好了吗 / 泊远著. -- 北京 ：光明日报出版社，2018.12

ISBN 978-7-5194-4817-2

Ⅰ. ①跨… Ⅱ. ①泊… Ⅲ. ①中国经济－经济发展－研究 Ⅳ. ①F124

中国版本图书馆CIP数据核字(2019)第007220号

跨越卡夫丁峡谷，中国准备好了吗

KUAYUE KAFUDING XIAGU, ZHONGGUO ZHUNBEI HAOLE MA

著　　者：泊　远

责任编辑：章小可　　　责任校对：傅泉泽

封面设计：谭　锴　　　责任印制：曹　诤

出版发行：光明日报出版社

地　　址：北京市西城区永安路106号，100050

电　　话：010-67021047（咨询），010-63131930（邮购）

传　　真：010-67078227，67078255

网　　址：http://book.gmw.cn

E-mail：xiaokezhang@outlook.com

法律顾问：北京德恒律师事务所龚柳方律师

印　　刷：北京汇瑞嘉合文化发展有限公司

装　　订：北京汇瑞嘉合文化发展有限公司

本书如有破损、缺页、装订错误，请与本社联系调换，电话：010-67019571

开　　本：140mm × 210mm

字　　数：152 千字　　　印　　张：6

版　　次：2019年3月第1版　　　印　　次：2019年3月第1次印刷

书　　号：978-7-5194-4817-2

定　　价：36.00元